项目资助情况：

　　本书为教育部人文社会科学基金项目"社会化阅读用户持续使用模型实证研究"（项目号：14YJEZH002）、杭州电子科技大学2014年课堂教学创新改革项目"高校信息化条件下混合式翻转课堂教学模式探索与实践"（项目号：KT1411）的阶段性研究成果。本书受浙江省哲学社会科学重点（培育）研究基地（浙江省信息化与经济社会发展研究中心）和国家科技支撑计划项目"基于云计算跨媒体数字出版技术集成与试点应用"（项目号：2012BAH91F03)的资助。

数字化学习
(E-Learning)
用户持续使用行为研究

杨根福 著

ZHEJIANG UNIVERSITY PRESS
浙江大学出版社

图书在版编目（CIP）数据

数字化学习(E-Learning)用户持续使用行为研究 /
杨根福著. —杭州：浙江大学出版社，2015. 6
ISBN 978-7-308-14838-2

Ⅰ.①数… Ⅱ.①杨… Ⅲ.①计算机辅助教学—用户
教育—研究 Ⅳ.①G434

中国版本图书馆 CIP 数据核字(2015)第 149373 号

数字化学习(E-Learning)用户持续使用行为研究

杨根福　著

责任编辑	王　波
责任校对	仲亚萍　杨利军
封面设计	十木米
出版发行	浙江大学出版社
	（杭州市天目山路 148 号　邮政编码 310007）
	（网址:http://www.zjupress.com）
排　版	杭州金旭广告有限公司
印　刷	杭州杭新印务有限公司
开　本	710mm×1000mm　1/16
印　张	.13
字　数	220 千
版印次	2015 年 6 月第 1 版　2015 年 6 月第 1 次印刷
书　号	ISBN 978-7-308-14838-2
定　价	39.00 元

前　　言

近年来,随着信息与通信技术(ICT)的快速发展,以在线学习、网络化学习为主的数字化学习(E-Learning)方式在高等教育、基础教育、企业培训等教育及相关领域受到了广泛的关注。相比于传统学习方式,E-Learning具有终身化、网络化、个性化等特点,学习者可以在任何时间、任何地点根据自己的需要,选择个性化内容、自定步调进行自主学习。E-Learning的灵活性为实现教育模式的变革提供了契机,同时也使得全民学习、终身学习成为可能。特别是近年来移动互联网和移动智能终端技术的快速发展,以及大量数字化学习平台和高质量在线课程(如 MOOC)的涌现,更凸显了E-Learning的价值,同时也将其带到了新的高度。然而,尽管过去几年中E-Learning的技术及价值得到广泛认可,但基于互联网技术的E-Learning方式,为教育领域带来创新和变革的同时,也带来了众多的不确定性。学习环境、学习模式等方面的变化使得E-Learning使用者(如教师、学生等用户)的行为更加复杂并产生众多变数。如尽管大多数高校都建设了数字化教学平台,但教师、学生是否会接受并持续使用仍存在疑问。此外,在大规模在线课程(MOOC)的使用中,如何既能体现学习的个性化和自主性,又能提高教师与学生的互动性、降低辍学率、提高持续学习和通过率也是个世界性的难题。大量的研究表明,目前用户对E-Learning的使用并不深入,远未达到预期,用户初步运用E-Learning后又终止的现象非常普遍。学者们也开展了大量的关于E-Learning用户使用行为方面的研究,但这些研究绝大多数是基于技术接受模型等理论对用户初始采纳行为的分析,而在持续使用行为方面的研究还比较少。特别是在国内,这一领域基本处于空白状态。

持续使用行为是指用户在初次使用了某项技术后是否会一直使用这项技

术的行为意愿。持续使用行为研究者认为,一个新的技术或系统要取得最终的成功,依靠的是用户的持续使用,而非初次使用。而在E-Learning领域,用户对E-Learning技术的持续使用同样关系到E-Learning技术应用的成败。比如在高等学校中,教师运用E-Learning的行为,将关系到学生是否会在学习中使用E-Learning,这对E-Learning技术真正发挥促进教学的作用尤为重要。在 MOOC 的应用中,MOOC 学习者对在线课程的持续使用行为将关系到MOOC 服务商业模式的有效性,以及教育资源的共享与利用。因此,对E-Learning用户的持续使用行为进行分析,洞察影响其行为持续性的关键因素,对E-Learning服务的成功至关重要。

持续使用行为研究的基础理论主要是信息系统持续使用理论。该理论最初被应用于电子商务、企业资源计划(ERP)系统、电子银行等工作场所信息系统用户持续使用行为影响因素的研究。大量研究表明,期望确认、感知有用性、满意度是影响用户持续使用意愿的关键因素。在信息系统持续使用理论中,来源于技术接受模型的感知有用性被认为是用户的外在动机,指的是用户在使用信息系统后能提高其工作绩效的程度,体现的是用户所感知到的外在价值,这个价值的大小将影响用户满意度和持续使用意愿。近年来,这一研究方法逐渐被应用于移动阅读、网络游戏、电子学习等非工作场所用户持续使用行为的研究。相比较于工作场所的信息系统,非工作场所信息系统用户的选择通常具有较强的自主性,除了有用性因素之外,还受娱乐、消遣等内在动机的驱动。此时,扩展的信息系统持续使用理论模型具有更强的解释力。

在E-Learning的使用中,用户同样拥有很高的自主性。比如高校教师通常有权决定是否要在教学中使用E-Learning平台;在 MOOC 的使用中,学习者可以选择学习或者不学习。在高自主性的情境下,E-Learning用户的持续使用行为有可能受内在动机的影响。除了内在动机因素之外,用户的持续使用行为可能还受用户态度、学习环境、自身能力等其他因素的影响。社会认知心理学家班杜拉提出的三元交互决定论认为,个体的行为是个体特征、环境及行为三者之间相互作用的结果。个体特征包括个体的需要、态度、自我效能感等心理因素,以及性别、年龄、职业背景等非心理因素;环境则是指个体所处的群体、组织、家庭等社会化环境,以及由软硬件所构成的网络和计算机等技术环境。个体特征、环境及行为三者相互影响形成复杂的行为系统。在E-Learning的领域,同样存在三元交互决定论中所指的行为系统。如E-Learning用户的态度、需要、学业背景、数字化学习的能力与素养等个体因素,E-Learning平台的功能、易操作性、数字化学习资源质量等技术环境因素,以及由同学、教师、同事等群体构成的社会环境因素,这些因素共同影响着用户的E-Learning使用行为。

　　在本书中,将围绕这些因素对E-Learning用户持续使用行为进行研究。基础理论为用户接受理论和信息系统用户持续使用理论,包括技术接受模型、计划行为理论、技术接受和使用统一理论、任务与技术匹配理论、期望确认模型等等。当然,这些理论只是为研究提供了基本的框架,进一步的研究需要引入更多的变量来扩展现有模型。基于此,本书在以上理论模型的基础上,针对E-Learning不同的使用对象,引入自我决定理论、沉浸理论、自我效能感理论、主观任务价值理论、信息系统成功模型等理论中的变量对模型进行扩展,以实证研究的方法,深入分析E-Learning用户持续使用行为的影响因素。

作　者

2015 年 4 月

目　　录

第一章　绪　　论 ··· 1

　第一节　研究背景、目的和意义 ····························· 1

　　一、研究背景 ··· 1

　　二、研究目的 ··· 6

　　三、研究意义 ··· 7

　第二节　研究内容、方法和创新点 ························· 8

　　一、研究内容 ··· 8

　　二、研究方法 ··· 10

　　三、研究创新点 ··· 11

第二章　相关理论与研究回顾 ····························· 12

　第一节　信息系统用户持续使用研究理论回顾 ······· 12

　　一、基于用户接受行为理论的持续使用行为研究 ······· 13

　　二、基于期望确认理论的持续使用行为研究 ········· 21

　　三、综合各种理论的用户持续使用行为研究 ········· 24

　第二节　动机研究理论回顾 ····························· 25

　　一、自我决定理论 ······································· 26

　　二、自我效能感 ··· 29

　　三、归因理论 ··· 31

　　四、沉浸理论 ··· 32

　第三节　E-Learning概念、特征及应用类型 ············· 33

　　一、E-Learning的概念 ·································· 33

　　二、E-Learning应用类型 ······························ 36

　　三、E-Learning的特点 ……………………………………………… 37
　第四节　E-Learning用户学习行为研究 …………………………… 38
　　一、基于大数据的学习行为研究 …………………………………… 38
　　二、E-Learning用户接受行为研究 ……………………………… 39
　　三、E-Learning用户持续使用行为研究 ………………………… 40

第三章　态度和沉浸体验对E-Learning用户持续使用意愿的影响研究 …… 43
　第一节　研究模型与研究假设 ……………………………………… 43
　　一、理论背景 ………………………………………………………… 43
　　二、研究模型 ………………………………………………………… 45
　　三、研究假设 ………………………………………………………… 45
　第二节　变量测量与数据收集 ……………………………………… 48
　　一、变量测量 ………………………………………………………… 48
　　二、数据采集 ………………………………………………………… 49
　第三节　数据分析 …………………………………………………… 51
　　一、信度分析 ………………………………………………………… 51
　　二、效度分析 ………………………………………………………… 51
　　三、路径分析 ………………………………………………………… 54
　第四节　本章总结与讨论 …………………………………………… 58

第四章　基于 UTAUT 的E-Learning用户持续使用意愿研究 ……… 61
　第一节　研究模型和研究假设 ……………………………………… 62
　　一、研究模型 ………………………………………………………… 62
　　二、研究假设 ………………………………………………………… 63
　第二节　变量测量与数据收集 ……………………………………… 65
　　一、变量测量 ………………………………………………………… 65
　　二、数据采集 ………………………………………………………… 67
　第三节　数据分析 …………………………………………………… 67
　　一、信度分析 ………………………………………………………… 67
　　二、效度分析 ………………………………………………………… 67
　　三、路径分析 ………………………………………………………… 69
　第四节　本章总结与讨论 …………………………………………… 74

第五章　主观任务价值对E-Learning用户持续使用意愿的影响研究 ········ 76
　第一节　研究模型与研究假设 ························· 77
　　一、理论背景 ····························· 77
　　二、研究模型 ····························· 79
　　三、研究假设 ····························· 80
　第二节　变量测量与数据采集 ······················ 83
　　一、变量测量 ····························· 83
　　二、数据采集 ····························· 85
　第三节　数据分析 ······························ 86
　　一、信度分析 ····························· 86
　　二、效度分析 ····························· 87
　　三、路径分析 ····························· 89
　第四节　本章总结与讨论 ························· 95

第六章　E-Learning功能与服务对用户持续使用意愿的影响研究 ······· 97
　第一节　研究模型与研究假设 ······················ 98
　　一、研究模型 ····························· 98
　　二、研究假设 ····························· 100
　第二节　变量测量与样本描述 ······················ 103
　　一、变量测量 ····························· 103
　　二、样本描述 ····························· 105
　第三节　数据分析 ····························· 108
　　一、信度分析 ····························· 108
　　二、效度分析 ····························· 108
　　三、回归分析 ····························· 110
　　四、路径分析 ····························· 114
　第四节　本章总结与讨论 ························· 118

第七章　基于SDT的高校教师E-Learning持续使用意愿研究 ········· 120
　第一节　理论背景与模型假设 ······················ 121
　　一、理论背景 ····························· 121
　　二、教师成功使用E-Learning的归因分析 ················ 125
　　三、研究模型 ····························· 126
　　四、研究假设 ····························· 127

第二节　变量测量与数据采集 ………………………………… 131
　　一、变量测量 ………………………………………………… 131
　　二、数据采集 ………………………………………………… 132
第三节　数据分析 …………………………………………… 133
　　一、测量模型 ………………………………………………… 134
　　二、结构方程模型 …………………………………………… 140
第四节　本章总结与讨论 …………………………………… 143

第八章　基于 TTF 的大学生E-Learning平台持续使用意愿研究 …… 146
第一节　理论背景与模型假设 ……………………………… 147
　　一、理论背景 ………………………………………………… 147
　　二、研究模型 ………………………………………………… 150
　　三、研究假设提出 …………………………………………… 150
第二节　研究方法与数据采集 ……………………………… 153
　　一、研究方法与概念测量开发 ……………………………… 153
　　二、数据收集 ………………………………………………… 154
第三节　数据分析 …………………………………………… 154
　　一、样本描述性统计 ………………………………………… 154
　　二、学生学习参与情况 ……………………………………… 155
　　三、学生对混合式学习的认知 ……………………………… 155
　　四、模型验证 ………………………………………………… 156
　　五、访谈结论 ………………………………………………… 160
第四节　结果与讨论 ………………………………………… 161
　　一、结果讨论 ………………………………………………… 161
　　二、本章结论 ………………………………………………… 163

参考文献 ………………………………………………………… 164

附录一　E-Learning用户持续使用意愿调查 ………………… 182

附录二　在线 MOOC 学习持续使用意愿调查 ……………… 187

附录三　高校教师E-Learning持续使用意愿问卷调查 ……… 192

索　引 …………………………………………………………… 199

第一章

绪 论

第一节　研究背景、目的和意义

一、研究背景

现代互联网技术应用的日渐普及,对人们的生活习惯、学习方式、社会交往、娱乐休闲等各方面都产生了深远的影响。根据国际互联网协会(The Internet Society)在 2012 年发布的调查数据,在受访者中,有 96％的用户每天至少访问一次互联网,超过 90％的用户经常使用社交媒体,有 60％的用户则每天都会使用社交媒体。此外,有 98％的用户认为互联网对于他们获取知识和教育机会有积极的作用,80％的用户认为互联网能提高教育质量。

随着 ICT 的快速发展,以网络通信和计算机技术为基础的现代信息化技术在促进社会经济发展的同时,也改变和拓展了社会教育的时空界限,提高了人们对学习的兴趣、效率和能动性。利用互联网技术,以及计算机、手机、平板电脑等各类终端设备,任何人都可以根据自己的需要在任何时间和地点搜索、处理、学习任何想学习的知识,不受年龄与性别、地域与种族的限制。不管你是在农村还是在城市,无论你是在世界的哪一端,都可以受益于信息技术,享受通过互联网进行学习的权利。

Web 2.0 技术的发展,使得基于互联网的内容创造成为可能,每一个个体都可以是内容创造、编辑、发布与评论者。自由百科全书(Wiki)、免费课件与电子书,特别是一些公益的网络课程学习平台和大规模在线开放式课程(MOOC)的出现,使我们的学习资源更加丰富,学习方式更为灵活多样。E-Learning的概念正是在这样的背景下提出与发展起来的。作为互联网背景下的一种新的学习模式,相比较于传统学习,E-Learning具有随时随地性、自主性、个性化、互动性等特点(赵国栋,2011)。首先,在 E-Learning 学习模式下,学习者可以随时随地进行学习,不受时空的限制;其次,学习者可以自主安排学习进度,制订个性化的学习计划,选择自己感兴趣的内容;再次,学习者在学习过程中可以通过学习平台、社交网络等工具与教师、同学进行互动交流,分享自己的学习成果与感受,实现知识共享、经验交流、网络化及协作式学习。正是因为具有传统学习所不具有的优势,E-Learning 在教育行业中呈现出良好的发展前景。据统计,2015 年中国在线教育市场约有超过1600 亿元的规模,并在未来几年将保持 30%的年增长率(iMedia Research,2015)。

目前,E-Learning的应用已经深入到基础教育、高等教育,甚至学前教育等多个教育领域。但是 E-Learning 最早针对的是企业员工的培训和学习,而不是学校教育。在 20 世纪末,信息化的浪潮带动企业不断进行技术改造与创新,企业对人力资源的质量要求也水涨船高。在这种情况下,将信息化技术应用于企业培训成了一个自然的选择(杰·克罗斯,1999)。而在互联网应用普及的今天,E-Learning这种基于网络技术的特定的学习方式,正在被越来越多的组织在员工培训中使用(Wang,Ran,Liao & Yang,2010)。E-Learning降低了企业培训成本,在学习的地点和时间上可以更为灵活,并且鼓励自主学习和按需学习(Admiraal & Lockhorst,2009;Salas,2002;Wang,2011)。同时,E-Learning的引入,可以提高企业培训覆盖率,以前由于经费和时间的限制而没有机会接受培训的员工也可以参加学习,这有利于提升企业人力资源的整体质量。据估计,E-Learning大约占了全球 2000亿美元企业培训市场的三分之一的份额(Rayson,2013)。

随着E-Learning的发展,E-Learning的概念逐渐被教育界所认可,这种新的学习模式开始在世界各国高等教育中得到了应用。美国是世界上E-Learning开展得最早的国家。在美国麻省理工学院、哈佛大学、耶鲁大学、斯坦福大学、芝加哥大学等顶尖高校中,均基于 Moodle、Sakai、Blackboard 等不同的系统开发了 E-Learning 教学平台,通过信息化技术与教学课程的整合,提高教学和人才培养质量(樊文强,刘庆慧,2013)。同时,这些高校通过向教师、学生和社会人士等各类学习者提供免费的教育资源,实现教育资源的开放式共享,以降低社会教育的成本。通过这些 E-Learning 学习平台,人们可以注册并在线学习各类课程资源。据统计,2010 年秋季学期以来,美国有 31% 的大学生平均每人选修了一门网络学习课程。而在以开展 E-Learning 著称的美国马里兰大学(University of Maryland),2011 年已经拥有 23 万名在线注册学习的学生,约有 70 万名世界各地的大学生至少选修了该大学的一门在线课程。此外,北美最大的私立大学凤凰大学(University of Phoenix)已有 38 万名在线注册学习的学生,学生可以选择在线或面授学习,或者参加在线与面对面学习相结合的混合式学习。

在日本,根据日本经济产业省在 2008 年对日本所有公立和私立的普通高等学校的调查,结果显示有 46.1% 的高校在开展 E-Learning 服务实践,并以"媒体信息处理"、"基础信息处理"等信息类课程以及外语类课程为试点,开展混合式学习、学生自主学习、远程学习等多种教学模式,并建立 E-Learning 学分认可制度(李在荣,2011)。

在德国,德国教育与研究部(BMBF)早在 2000 年便启动了"新媒体教育应用"项目,并在之后的若干年内陆续投入巨资支持新媒体在高校教育中的应用与实践项目。截止到 2010 年,德国已有哈根远程大学、科隆大学、高职高专联盟、汉诺威大学等高校或机构开展了不同层次的 E-Learning 学习系统与服务项目(杨素娟,2010)。

在我国,高等学校建设 E-Learning 教学平台的时间相对较晚,但发展较快。据李秀娟和邓小昭 2010 年对我国 117 所"211"高校 E-Learning 建设情况的调查,结果显示有 87.4% 的高校建设了 E-Learning 教学平台。在平台系统选择方面,有 25.5% 的高校选择了 BlackBoard 系统,有 24.5% 的高校选择了清华大学教育技术研究所开发的网络教学综合平台(李秀娟,邓小昭,2010)。近年来,随着国家教育信息化战略的提出,围绕教育信息化而展开的开放式数字化学习平台建设、数字化学习资源建设的步伐进一步加大。目前除了各高校自主建设的 E-Learning 系统平台之外,一些优秀的教学资源逐渐通过 Coursera、edX、中国大学 MOOC 平台、网易公开课等知名学习平台向社会免费开放,吸引更多的学生、教师及社会各界人士注册学习,实现教育资源的开放共享。

随着E-Learning的不断推广,围绕E-Learning进行的讨论与研究也日益增多。对于E-Learning的管理与服务提供者来说,真正关心的问题是,E-Learning是否能被大众接受,并持续使用,从而提高学习的效率与效果,发挥其真正的价值。如在高校中,希望教师能在教学中使用网络教学平台,并促使学生在学习中使用,从而提高学生运用数字化学习资源的能力与素养,培养学生学习的自主性、协作性与终身学习的能力。尽管过去十年,E-Learning技术及价值得到广泛认可,但用户(如教师、学生或各类学习者)对E-Learning的使用并未深入,远未达到预期,用户初步运用E-Learning之后就中止了的现象非常普遍(Lee et al,2010)。在我国,大量的研究表明,高等学校E-Learning的推广程度远远不够,存在教师接受度低、学生参与度低和互动性弱等问题(路兴等,2011;刘莉莉,2013;戴卓,郑孝庭,2014)。学者樊文强和刘庆慧(2013)对中美两国顶尖高校E-Learning开展情况进行了比较,结果显示我国顶尖高校E-Learning系统的成熟度较低,并存在使用者稀少、系统运行不够稳定等问题。因此,E-Learning的预期效果,比如能够补充甚至替代传统的面对面的学习,在E-Learning应用中并未得到充分体现(Wu, Tsai, Chen & Wu, 2006)。

此外,贾积有和缪静敏(2014)等学者通过对北京大学发布在Coursera平台上的6门MOOC课程的82352位注册学员学习过程数据的分析,结果显示6门课程的平均完成率和及格率只有11.16%和2.18%,而辍学率则高达88.84%,也即大部分的注册学员都没能完成课程的学习。在课程学习的持续时间方面,6门课程的人均课程在线时间平均为23.3天,也即学员在课程网站上的持续学习时间不超过1个月。另据Adams和Williams等学者的研究,MOOC课程的大量注册者中只有很少一部分(大约为10%)能够完成课程。Yuan和Powell的研究表明,美国斯坦福大学、麻省理工学院和加州大学伯克利分校的MOOC课程辍学率约为80%~95%。这些研究表明E-Learning注册学员,一开始接受了在线课程学习,但最终却因为各种因素放弃了学习。那么到底是哪些因素导致了学习者接受了E-Learning但又最终放弃?哪些因素对E-Learning持续使用具有促进作用,哪些因素又会阻碍学习者的持续学习行为?基于此,本书的研究目标是对影响E-Learning用户持续使用行为的因素进行分析与讨论,洞察学习者放弃学习的真正原因。

美国社会认知心理学家班杜拉(2001)认为,个体的行为是个体特质、环境及行为三者之间相互影响和相互作用的结果。此处的个体特质是指个体的需要、动机、态度、自我效能感以及性别、年龄、职业背景等心理和非心理因素；环境则是指个体所处的社会环境（群体、组织、家庭、国家及行业政策等）和技术环境（如网络技术、计算机技术等）。班杜拉（2001）认为个体特质和环境会影响个体的行为，而行为反过来也会影响个体特质及环境，三者之间循环作用形成复杂的行为系统。动机心理学家则认为个体的行为是由动机所决定的。他们认为动机体现了个体为实现目标而付出的努力程度、方向和持续性（罗宾斯和贾奇，2008；Mitchell，1997）。而消费者行为研究学者 Bhattacherjee（2001）则认为个体行为的持续性是由他们的预期、动机、满意度及行为意愿共同决定的，并提出了经典的信息系统持续使用研究理论模型。Bhattacherjee（2001）认为一个新信息系统要取得最终的成功，依靠的是用户的持续使用，而非初次使用。而在E-Learning技术的应用中，我们认为E-Learning技术要发挥其真正的价值，需要依靠学习者的持续使用，而非首次使用。基于以上分析，本书以信息系统持续使用研究理论为基础，引入动机理论和社会认知心理学理论等相关研究理论，以实证研究的方法揭示影响用户持续使用E-Learning的关键因素。

信息系统持续使用研究是对用户初始接受信息系统后是否会持续使用的行为进行研究的理论与方法（Bhattacherjee，2001；2008）。其核心思想是：尽管用户初始接受信息系统对信息系统的成功很重要，但信息系统的最终成功要依靠用户的持续使用。信息系统持续使用理论的研究目的是对用户在初始接受信息系统后的行为，如继续使用或者放弃使用，进行解释与预测，了解影响用户行为的关键因素，以便能更好地改进信息系统产品的功能与服务。信息系统持续使用理论被广泛应用于电子商务网站、企业 ERP、移动互联网服务、课程管理系统等不同的领域。但传统的信息系统持续使用理论模型也存在一定的局限性，如在用户动机方面，通常是以感知有用性、绩效期望这类外在动机为主，而对用户的真正兴趣、享受、自主性等内在动机却并未考虑。在教育领域，E-Learning的使用一般是依托E-Learning系统或平台，如在线学习网站、网络教学平台、虚拟学习环境等信息系统。因此，E-Learning的使用与传统的信息系统的使用具有相似之处。此外，学习是一个持续的过程，学习者通常要花费一个学期或几个月的时间才能学完一门课程。因此，从某种意义上来说，E-Learning更适合于进行持续使用行为的研究。但同时，以知识管理、处理、传送、接收以及知识构建为目的的

E-Learning使用与基于办公环境的信息系统使用也存在一些差别。因此需要结合E-Learning的特征进行有针对性的研究,如考虑学习者或用户的内在动机对持续学习行为的影响。

在E-Learning的持续使用行为研究方面,通过查阅国外的文献数据库,可以发现一些研究的案例(Roca et al.,2008;Limayem & Cheung,2008;Larsen et al.,2009;Hung et al.,2011;Yixiang Zhang,2012;Yung-Ming Cheng,2014),学者主要来自美国、挪威、巴西、芬兰、西班牙、加拿大等,研究对象以使用E-Learning的学生为主。而在中文文献方面,从中国知网以"持续使用"、"在线学习"、"E-Learning"、"网络学习"、"继续使用"等主题词进行查询,截止到2014年12月,只有4篇E-Learning方面的持续使用行为研究文献(侯海连,2011;陈美玲,2014;钱瑛,2014;何檀,2014),其中移动教育与移动学习研究2篇,在线学习研究2篇。由此可以看出,国内此类研究还处于空白状态。笔者认为,其原因有二:一是信息系统持续使用研究是近年来正在兴起的研究领域,国内相关的研究还比较少;二是网络化学习、在线学习作为一种新的学习模式,其在高等教育、基础教育等领域的应用并不成熟。因此,分析E-Learning用户的持续使用行为对于E-Learning教育模式的推广和实践发展至关重要。

在本书中,针对E-Learning的使用者会涉及"用户"、"学习者"等多个术语,这些术语在不同的研究情境下会有区别,如对E-Learning的一般使用者,不具体区分是教师、学生还是社会上其他的学习者。但如果是以教师或学生为特定研究对象,则会在研究中加以说明。

二、研究目的

基于以上的研究背景,本书的研究目的是对E-Learning使用行为的一般影响因素进行系统的总结与梳理,从网络学习、在线学习、混合式学习等E-Learning应用入手,运用信息系统用户持续使用理论、动机研究理论、社会认知心理学理论等不同理论,揭示影响E-Learning用户持续使用行为的主要因素。重点以E-Learning一般用户、教师用户和学生用户为研究对象,从用户的个体特质、学习环境等不同层面解析用户在使用E-Learning后的内外在动机、态度和满意度等信念的感知情况,以及这些使用后的感知信念对用户持续使用行为意图的影响。最后总结影响E-Learning用户持续使用意向的主要因素,为E-Learning的进一步发展提供决策依据。

三、研究意义

1.理论意义

本书的理论意义主要体现在以下几个方面。首先,信息系统用户持续使用理论是近年来正在兴起的研究用户在初始接受信息系统后重复使用或持续使用的行为理论。本书对该理论的国内外研究现状进行了系统的梳理,总结了信息系统用户持续使用理论研究的主要模型与方法,并对关键因素与变量进行了梳理。其次,引入内在动机、自我效能感等研究变量,对经典的信息系统持续使用研究模型进行补充与扩展,进一步丰富了该理论的研究。再次,分析了信息系统持续使用研究模型在E-Learning服务研究中的适切性,并扩展了该理论在E-Learning领域的应用研究,填补了国内该领域研究的空白,对信息系统持续使用理论的发展有重要的意义。最后,从E-Learning理论研究的视角来看,本书从用户行为视角,分析了E-Learning服务用户持续使用意愿的因素,并从用户个性特征、内在和外在动机、学习环境等多个维度进行实证分析,丰富了E-Learning服务的研究范畴。

2.现实意义

本书的现实意义主要体现在以下几个方面。首先,对E-Learning用户使用行为的一般影响因素进行了总结与梳理,并通过实证调查的方法了解了目前国内E-Learning服务用户的认知情况,对把握E-Learning服务现状有重要的现实意义;其次,对目前E-Learning服务应用最为广泛的在线学习用户持续使用行为进行了实证研究,分析了影响用户在线学习持续行为的因素,对在线学习服务质量的提高,学习效率与效果的提升有一定的现实意义;再次,对高等学校传统面对面授课与在线学习相结合的混合式学习模式下的E-Learning持续行为进行了实证研究,分别从教师和学生两个不同的用户群体分析了影响持续使用的因素,这对高校混合式学习模式的实践有一定的指导意义。

第二节　研究内容、方法和创新点

一、研究内容

本书在对E-Learning基本概念与特征、应用类型和系统组成进行系统梳理与总结的基础上,以信息系统持续使用理论为基础,整合自我决定理论、自我效能感理论、归因理论、沉浸理论等用户动机理论,通过实证研究分析了在线学习、混合式学习等不同E-Learning学习模式下用户持续使用意愿的主要影响因素。研究的具体内容如下:

(1)信息系统持续使用研究的主要理论模型及研究现状;

(2)E-Learning的基本概念、特征、使用类型及相关研究现状;

(3)E-Learning用户持续使用意愿的一般影响因素;

(4)针对在线学习、混合式学习以及教师、学生等不同的用户群体,研究不同的E-Learning应用情境下持续使用意愿的影响因素。

针对以上所要研究的内容,全书共分八章,具体章节内容如下:

第一章:绪论。阐述了本书的研究背景、研究目的和意义;对所要研究的问题及相关术语进行了界定;明确了全书所要研究的内容、研究思路以及全书的章节安排,并对本书的主要创新点进行了说明。

第二章:相关理论与研究综述。梳理了本书研究中所涉及的相关研究理论,如期望确认理论、TAM、TPB、UTAUT、自我决定量论、归因理论、自我效能感理论、沉浸理论等,总结了信息系统用户持续使用研究理论模型所使用的研究变量和测量的方法,以及各模型在相关行业中的应用。对E-Learning的内涵、特征、类型进行了回顾,对E-Learning用户持续使用的研究现状进行了梳理。

第三章:态度和沉浸体验对E-Learning用户持续使用意愿的影响研究。以一般的E-Learning用户为研究对象,在 TAM 和 TPB 理论的基础上,纳入沉浸理论中的感知兴趣和专注两个变量对模型进行了扩展,讨论了感知有用性、感知易用性、感知行为控制、态度、主观规范用户、感知兴趣和专注等因素对用户持续使用意图的影响。讨论了信息系统接受理论在E-Learning用户持续使用研究中的适用性。

第四章：基于 UTAUT 的 E-Learning 用户持续使用意愿研究。以一般的 E-Learning 用户为研究对象，以技术接受和使用统一理论（UTAUT）为基础，对 E-Learning 用户的持续使用意愿进行实证分析，讨论了努力期望、绩效期望、计算机自我效能、社会影响、促进因素、持续使用意愿等因素对持续使用意愿的影响；并进一步分析了用户的性别、年龄、职业背景、学业程度等因素对持续使用意愿的调节作用。

第五章：主观任务价值对 E-Learning 用户持续使用意愿的影响研究。以一般的 E-Learning 用户为研究对象，基于信息系统持续使用理论（ECM），引入主观任务价值理论中的价值和成本因素对模型进行了扩展，分析了该理论在解释 E-Learning 用户的持续使用意愿方面的适用性。并重点讨论了价值和成本、感知有用性、满意度和期望确认等因素对 E-Learning 用户持续使用意愿的影响。

第六章：E-Learning 功能与服务对用户持续使用意愿的影响研究。以在线学习用户为研究对象，从在线学习的工具质量、计算机自我效能感两个维度对信息系统持续使用理论（ECM）进行了扩展，分析了在线学习工具的信息质量、系统质量、服务质量和用户的计算机和互联网自我效能感对持续使用意愿的影响。

第七章：基于 SDT 的高校教师 E-Learning 持续使用意愿研究。以高校教师为研究对象，从内在动机的维度，结合自我决定理论、归因理论构建了教师 E-Learning 系统持续使用的研究模型，分析了感知自主性需求、感知能力需求、感知兴趣等内在动机对用户满意度和持续使用意愿的影响。

第八章：基于 TTF 的大学生 E-Learning 平台持续使用意愿研究。以大学生为研究对象，从任务与技术匹配的视角，构建了混合式学习模式下大学生使用 E-Learning 平台的持续使用意愿模型，分析了学习任务特征、技术特征和个人特征对任务技术匹配的影响，以及任务技术匹配对感知有用性、满意度和持续使用意愿的影响。

全书的研究框架如图 1-1 所示。

```
                    ┌─────────────────────────────┐
                    │      绪论（第一章）           │
                    └─────────────┬───────────────┘
                                  │
                                  ▼
                    ┌─────────────────────────────┐
                    │   相关理论与研究综述（第二章）  │
                    └─────────────┬───────────────┘
                                  │
                   ┌──────────────┴──────────────┐
                   ▼                             ▼
      ┌────────────────────────┐   ┌────────────────────────┐
      │态度和沉浸体验对E-Learning│   │基于UTAUT的E-Learning用户 │
      │用户持续使用意愿的影响研究 │   │持续使用意愿研究（第四章）  │
      │（第三章）                │   │                         │
      └───────────┬────────────┘   └───────────┬────────────┘
                  ▼                             ▼
      ┌────────────────────────┐   ┌────────────────────────┐
      │主观任务价值对E-Learning │   │E-Learning系统功能与服务对 │
      │用户持续使用意愿的影响研究 │   │用户持续使用意愿影响的研究  │
      │（第五章）                │   │（第六章）                │
      └───────────┬────────────┘   └────────────────────────┘
                  ▼
      ┌────────────────────────┐
      │基于SDT的高校教师E-Learning│
      │持续使用意愿研究（第七章）  │
      └───────────┬────────────┘
                  ▼
      ┌────────────────────────┐
      │基于TTF的大学生E-Learning │
      │平台持续使用意愿研究（第八章）│
      └────────────────────────┘
```

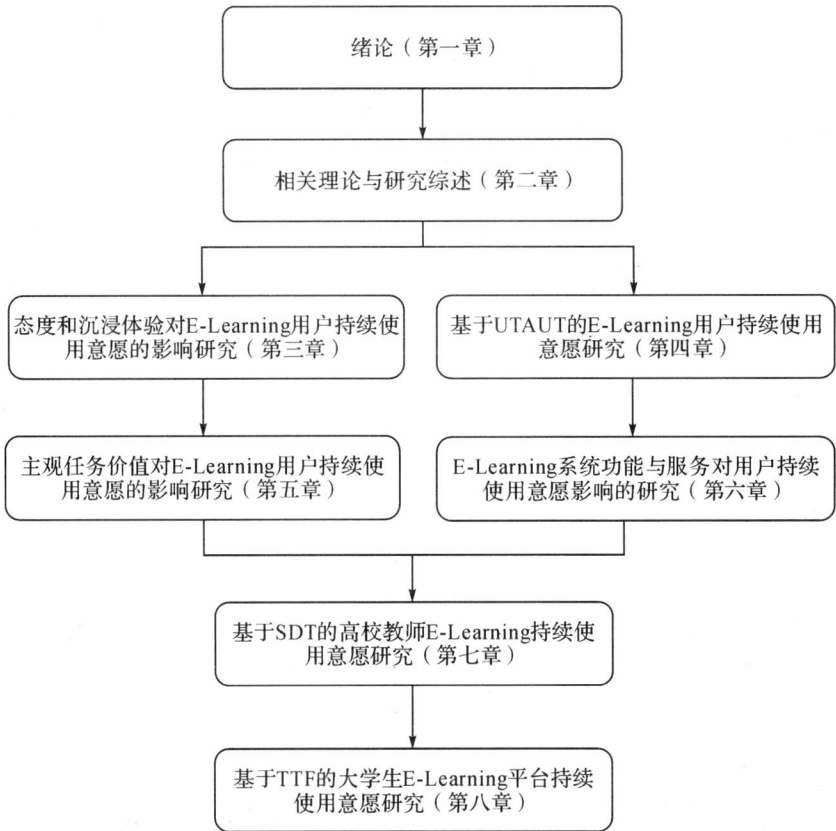

图 1-1　本书的研究框架

二、研究方法

本书采用的研究方法主要有：

1. 文献研究。分析整理国内外相关研究文献，从整体上把握国内外信息系统持续使用理论研究、E-Learning服务的发展现状、E-Learning持续使用行为、动机理论的发展与应用等相关领域的研究进展，为后续的研究打下基础。

2. 访谈研究。在实证研究中，为了使调查问卷设计得更为科学有效，在设计问卷之前通过访谈的方法与E-Learning使用者进行沟通与交流，了解用户对 E-Learning 的认知以及 E-Learning 使用后的感知情况，了解他们对E-Learning服务的评价，找到服务存在的不足与问题，以及整体满意度和使用意愿的影响因素。

3.问卷调查研究。通过问卷设计、变量量表制定、问卷初测与修改、问卷发放、数据收集等几个环节进行问卷调查。

4.数理统计分析方法。运用 SPSS 18.0、SmartPLS 等专业统计分析软件对样本数据进行描述性统计分析,并通过可靠性分析、因子分析、回归分析、路径分析等处理,对研究模型的测量量表进行信度和效度分析,提取潜变量共同因子,并通过结构方程模型(Structural Equation Modeling, SEM),验证自变量与因变量之间的关系的显著性以及自变量对因变量影响的程度。

三、研究创新点

本书主要有以下两个创新点:

1.信息系统持续使用研究理论创新。本书以信息系统持续使用理论和动机研究理论为研究主线,对信息系统持续使用理论进行了扩展与补充。研究中以用户接受理论和信息系统持续使用理论为基础,纳入自我决定理论、主观任务价值理论、沉浸理论、信息系统成功模型等理论中的有关变量,做了以下研究:①用户的内在动机、外在动机对他们的满意度、持续使用意愿的影响;②动机的前因变量,如感知自主性、感知能力等内在因素,以及信息系统的信息质量、系统质量、服务质量等对用户动机的影响;③内在动机对外在动机(感知有用性)的影响;④任务技术匹配对感知有用性、满意度和持续使用意愿的影响。以上研究对信息系统持续使用的研究理论做了有益的补充,并在E-Learning用户持续使用的情境中进行了实证分析,得到了一些有意义的结论。

2.E-Learning领域研究方法的创新。①本书采用用户持续使用行为研究相关理论,以实证研究的方法,通过理论分析、提出假设模型、问卷设计、数据采集、模型验证的研究路径,对E-Learning用户持续使用行为的影响因素进行了系统的分析,丰富了E-Learning用户行为研究的方法,具有一定的创新性。②对E-Learning应用的不同形式,如在线学习、混合式学习中教师、学生等不同用户 E-leaning 持续使用意愿的影响因素进行了研究。

第二章
相关理论与研究回顾

　　本章主要对E-Learning用户持续使用行为研究的相关理论进行回顾,全章共由四节组成。第一节对用户持续使用行为研究理论进行回顾,包括用户接受行为相关理论和信息系统持续使用理论;第二节对动机研究理论进行回顾,包括自我决定理论、自我效能理论、归因理论和沉浸理论;第三节对E-Learning的基本概念、特点及应用类型进行介绍;第四节对目前国内外E-Learning用户使用行为的研究现状进行了总结与梳理。

第一节　信息系统用户持续使用研究理论回顾

　　DeLone 和 McLean(1992;2003)认为,用户接受某种信息技术是该技术取得成功的重要因素之一。过去学者对信息系统使用的研究主要集中在初始采纳。但近年来,随着信息系统领域研究的不断深入,学者们开始关注初始采纳后用户的行为,也即信息系统的持续使用行为。他们感兴趣的是用户初始采纳信息系统后,在将来较长一段时间里是否会持续使用该种系统。Bhattacherjee(2001)认为这一类研究的重要性在于,用户的初始采纳行为只能说明信息技术取得初步的成功,而要取得最终的成功,则要依靠用户的持续使用或重复购买。正因为信息系统持续使用的重要性,这种研究方法逐渐受到学者的重视,并被应用于电子商务网站、知识管理系统、网上银行、移动搜索、移动阅读、移动支付等多个网络及移动应用领域的信息系统用户持续使用行为研究。

　　通过对目前信息系统用户持续使用行为研究理论的梳理,可以将其大致分成三种类型:第一,基于用户接受行为理论的研究模型。这里的用户接受行为理论指的是用户初始接受或采纳理论,如理性行为理论(TRA)、计划行为理论(TPB)、技术接受模型(TAM)等。采用这一类模型进行研究的学者认为,信息系统持续使用是用户初始接受后行为的延续或重复,两者具有一定的相似性。第二,基于期望确认理论(Expectation Confirmation Theory,ECT)提出的期望确认模型(Bhattacherjee,2001),也即信息系统持续使用理论。第三,整合前两种理论以及其他理论的综合研究模型。接下来将对这三种理论模型的基础理论以及研究现状进行回顾。

一、基于用户接受行为理论的持续使用行为研究

(一)用户接受行为基础理论

　　"接受"一词来源于"Acceptance",是指个体对外界事物是否认同的行为特征。在信息技术领域,"用户接受行为"指的是个体愿意使用某种信息技术的行为意图,也称为"信息技术接受行为"或信息技术"采纳"(Adoption)行为,其研究的范畴是对影响用户接受与使用信息技术的因素进行解释与预测,从而为用户提供具有更好使用体验的信息技术产品与服务。

　　用户接受行为遵循用户"信念—态度—意向—行为"的理论范式。主要涉及认知心理学、信息技术学和行为科学等学术领域,包括理性行为理论(TRA)、计划行为理论(TPB)、技术接受模型(TAM)、技术接受和使用统一理论(UTAUT)、任务技术匹配理论(TTF)等理论模型,接下来对这些理论进行回顾。

1.理性行为理论(TRA)

　　Fishbein和Ajzen(1975)在社会心理学的基础上提出了理性行为理论(Theory of Reasoned Action,TRA),用于解释人的行为产生的过程与机制,其模型如图2-1所示。理性行为理论假设人是理性的,在做出某项决定之前会充分考虑行为所带来的意义和后果。TRA由实际行为、行为意愿(Intention)、行为态度(Attitude Toward the Behavior)和主观规范(Subjective

Norm)四个核心变量构成。其中行为态度和主观规范是行为意愿的前因变量,而行为意愿则决定个体的实际行为。主观规范是指个人的行为受到社会上其他个人或团体影响的程度,反映了个人与他人观点的一致性及对他人信任的程度。Fishbein 和 Ajzen 同时也指出,行为态度和主观规范也受其他因素的影响,如个体的性别、年龄、性格特征等,因此可以将这些因素作为外部变量加入到模型中进行综合考虑。TRA 的主要贡献在于依照"信念—态度—意向—行为"的理论范式,假设个体的行为意愿只有行为态度和主观规范两个前因变量,其他因素都通过这两个因素对行为意愿产生间接影响,因此简化了模型。TRA 在信息技术接受领域得到了广泛的应用,同时也是 TAM、TPB 等理论的基础。

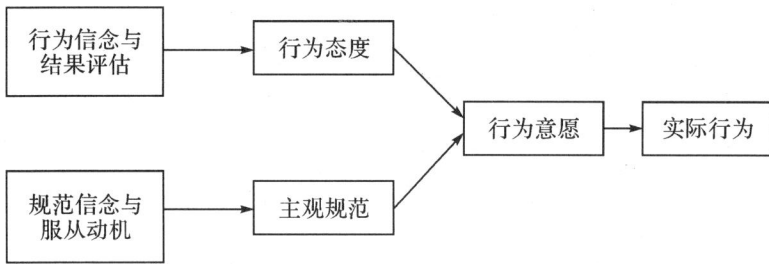

图 2-1 理性行为理论模型

资料来源:Fishbein & Ajzen,1975。

2.计划行为理论(TPB)

计划行为理论(Theory of Planned Behavior,TPB)是由 Ajzen(1989)在 TRA 的基础上提出的。TPB 在 TRA 的基础上增加了感知行为控制(Perceived Behavior Control,PBC)变量,意在解决 TRA 存在的问题:如果个体的行为意愿是出于非自愿的,则很难解释个体的行为影响因素。TPB 认为个人的行为意愿除了出于自愿的情况之外,还受资源、机会以及开展行为所具备的能力等因素的影响,如果缺乏机会、资源或者行为开展的能力,则行为意愿的动机就会减弱。因此可以将感知行为控制定义为个人完成行为的难度或进行控制的程度。计划行为理论的研究模型如图 2-2 所示。和 TRA 相似,TPB 模型中除了行为态度、主观规范、感知行为控制、行为意愿和实际行为五个核心因素之外,也受行为信念、规范信念和控制信念的影响,但这些因素均通过行为态度、主观规范、感知行为控制三个变量对行为意愿产生间接影响。

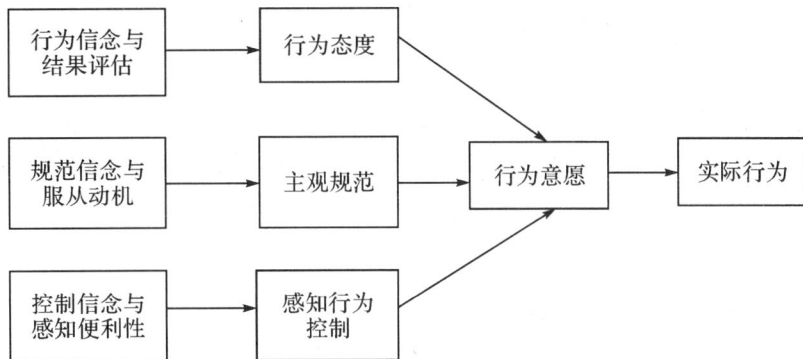

图 2-2 计划行为理论模型

资料来源：Ajzen，1985。

3.技术接受模型（TAM）

和 TPB 一样，技术接受模型（Technology Acceptance Model，TAM）也是在 TRA 的基础上提出的，其模型如图 2-3 所示（Davis，1989）。TAM 模型由使用行为、使用意愿、使用态度、感知有用性和感知易用性五个核心变量构成。TAM 提出了这样的假设：①个体的使用意愿决定最终的使用行为，而使用意愿则受感知有用性和使用态度的共同影响；②使用态度受感知有用性和感知易用性两个前因变量的影响，感知易用性除了对使用态度有影响之外，还对感知有用性产生影响。TAM 对相关变量作出了解释：①行为态度是对个体在使用信息技术主观上的评价性阐述，这种评价可以是积极或消极的；②感知有用性是指个体的一种外在动机，也即个体使用信息技术能提高其工作绩效的程度，这种程度越高，个体的动机就越大，此时即使用户不喜欢这种信息技术，但也会因为要提高工作绩效或者获得奖励而去使用这个技术；③感知易用性是指个体认为使用信息技术时，需要自身投入的精力的多少，投入精力越多，感知易用性水平越低，反之则感知易用性水平越高。TAM 认为感知易用性会对感知有用性产生积极的影响，即一个易于使用的系统，能够让用户花费更少的精力完成更多的工作，将会让用户感觉更加有用。此外，模型还考虑了个人特征、情境因素、系统特征等外部变量的影响，外部变量通过感知有用性和感知易用性间接影响使用态度和使用意愿。

由于技术接受模型易于操作和具有很强的适用性，且预测和解释力强，而在信息技术接受行为实证研究中得到了广泛的应用（Davis，Bagozzi &

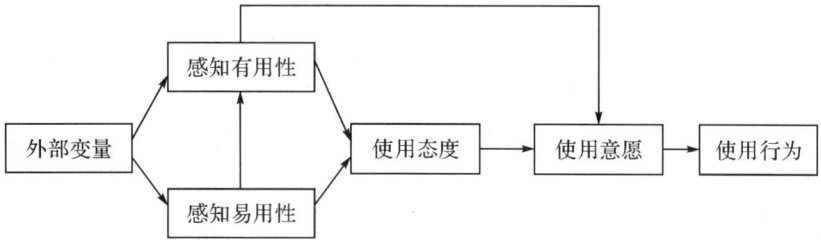

图 2-3　TAM 模型

资料来源：Davis，Bagozzi，1986；Warshaw，1989。

Warshaw，1989；Szajna，1996；Venkatesh V.，2000)，实践证明，与 TRA、TPB 等模型相比，TAM 更受研究者青睐。TAM 模型成为信息技术用户接受行为研究的经典模型。

　　随着 TAM 在信息技术领域研究中的不断深入，很多学者在 TAM 的基础上，借鉴和吸收了动机理论、社会认知理论等理论，对模型进行了修正与扩展 (Igbaria & Iivari，1995；Pavlou，2003；Hsu & Lu，2004)。Davis 自己也对 TAM 做出卓有成效的修改，其中最具影响力的是增加了社会影响过程(Social Influence Process)和认知工具性过程(Cognitive Instrumental Process)变量的 TAM2 模型(Venkatesh & Davis，2000)，如图 2-4 所示。其中社会影响过程包括主观规范、公众形象和自愿性，认知工具性过程则包括工作相关性、输出质量、结果展示性，并以经验和自愿性作为调节变量，这些变量作为感知有用性和感知易用性的前因变量，进一步提高了 TAM 模型的解释力(Venkatesh & Davis，2000)。

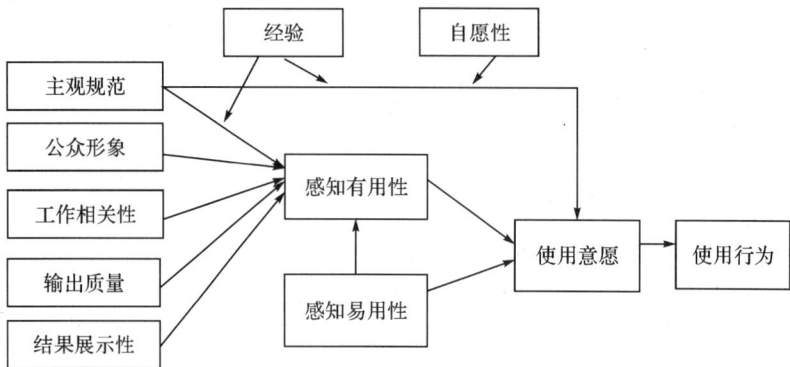

图 2-4　TAM2 模型

资料来源：Venkatesh & Davis，2000。

4.技术接受和使用统一理论（UTAUT）

技术接受模型假定，在决定用户接受和使用 IT 技术方面，感知有用性和感知易用性都有显著的影响作用。Venkatesh 和 Davis（2003）对此模型进行了扩展，借助社会影响过程和认知工具过程，进一步诠释了感知有用性和使用意愿，并提出了技术接受和使用统一理论（UTAUT），如图 2-5 所示。UTAUT 基于理性行为理论、TAM/TAM2、计划行为理论、计算机使用模型、社会认知理论、动机理论等信息系统应用领域八个竞争模型的大量研究而提出，经过实证研究，发现 UTAUT 对信息技术用户使用意愿的解释力度高达 70%，超过了八大模型。该模型假定，绩效期望、努力期望和社会影响是使用意愿的直接决定因素，而促进因素和使用意愿是使用行为的直接决定因素。此外 UTAUT 还包含了四个调节变量，即性别、年龄、经验、使用自愿性，这四个调节变量在四个自变量与使用意愿和使用行为之间起调节作用。

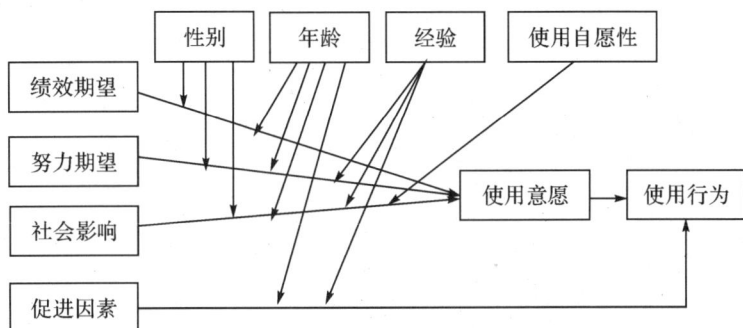

图 2-5　UTAUT 模型

资料来源：Venkatesh，Morris，Davis，et al，2003。

Venkatesh 和 Davis 对 UTAUT 中各变量作出了解释：①绩效期望是指用户认为信息技术能帮助其提高工作绩效的程度，是由感知有用性、相对优势、外在动机、结果期望综合提出；②努力期望是指用户使用信息技术的难易程度，是由感知易用性、复杂性、容易使用性综合提出；③社会影响是指他人对于个体使用信息技术的意见，如朋友、亲戚、领导等对其有影响的人物，社会影响类似于计划行为理论中的主观规范；④促进因素是指组织中现有信息技术对个体使用新的信息技术的有利程度，类似于促进条件和相容性变量。

5.任务技术匹配理论(TTF)

Goodhue 和 Thompson(1995)提出了任务技术匹配理论(Task-Technology Fit Theory,TTF),其模型如图 2-6 所示。TTF 认为只有技术被采纳,且技术与任务匹配时才能提高绩效。因为用户使用信息技术并不一定是完全出于自愿的,在这种情况下,使用绩效的取得就取决于任务与技术的匹配程度。例如在高校中,大学生使用网络学习平台,是因为教师的教学要求而非自愿,此时要取得好的使用效果,教师要考虑教学任务特征与技术特征匹配的问题。TTF 主要用于研究组织中个体使用信息技术与工作任务匹配对工作绩效影响的问题。他们提出的技术绩效链(Task Performance Chain,TPC)将任务特征、技术特征和个人特征当做任务技术匹配的外部变量,通过技术匹配对绩效产生影响。其中的技术特征是指用户在执行任务中所用工具的特征,如工具的功能、操作便利性等;任务特征是指用户所要完成的任务需要依赖技术的因素,如任务的难度、复杂程度、结构化程度等;个人特征是指用户的计算机使用能力、动机以及相关培训等,个人特征将影响用户使用技术的容易程度。TTF 认为只有三者相匹配时,才能提高绩效。

任务技术匹配理论的有效性在多个领域的研究中得到了证明,例如无线网技术采用(Yen et al.,2010)、移动银行用户采用(Zhou et al.,2010)、移动商务(Lee et al.,2007)、电子商务(Wells et al.,2003)和电子采购系统(Chang et al.,2008)等。

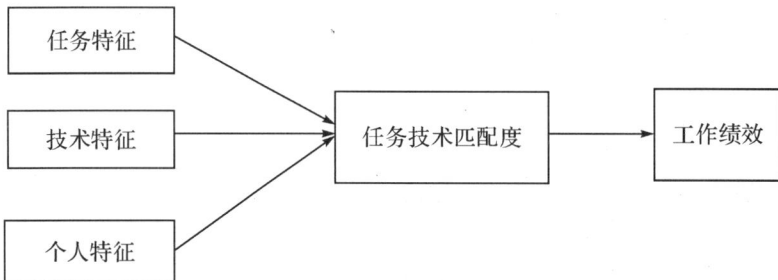

图 2-6　任务技术匹配模型
资料来源:Goodhue,Thompson,1995;2003。

(二)基于用户接受理论的用户持续使用研究

过去数年,信息技术给商业以及社会领域带来诸多便利。互联网,尤其是万维网(World Wide Web)已经成为商业和社会领域的重要工具。无论使用任何技术,用户能够对其接受是持续使用意向的关键决定因素。许多学者认为持续使用行为是用户初始接受后行为的延续或重复。因此,他们通过对TPB、TAM、UTAUT 等用户接受行为理论的扩展,来研究用户持续使用行为(Taylor S et al. ,1995;Gefen,2005;Karahanna,1999;Venkatesh,1999,2002;2003; Hsu et al. ,2004; Chan et al. ,2004; Ifinedo,2006; Yang,2007; Shih,2008;侯海连,2011;Lin et al. ,2011;董婷,2013)。

在用户持续使用行为的研究中,TAM 是应用最多的理论模型。在Davis(1989)的研究中,感知有用性是影响用户使用意愿的重要感知信念。在随后的研究中,Davis,Bagozzi 和 Warsha(1992)在 TAM 中,引入感知享受(Perceived Enjoyment)的概念,作为其内在动机,同时将感知有用性定义为外在动机。关于用户对 IT 的接受性,其他信息系统(IS)研究人员也强调内外动机的共同影响,如在 Hsu 等(2004)对电子服务持续使用意愿的研究中,引入感知娱乐性作为内在动机。此外,有关内在动机以及自我效能感的研究发现,在决定用户的行为意向和实际应用方面,感知娱乐性(Hsu & Chiu,2004)和计算机自我效能(Chau,2001; Enkatesh & Davis,1996)扮演了举足轻重的角色。相关研究汇总如表 2-1 所示。

表 2-1　基于用户接受等理论的用户持续使用研究

作者(年份)	基础理论	研究对象	主要变量
S. Taylor (1995)	计划行为理论	经验用户和非经验用户的持续使用行为差异比较	态度、主观规范、感知行为控制、感知易用性、感知有用性、持续使用意愿
Karahanna (1999)	计划行为理论	潜在和正在使用用户的态度、信念比较及对持续使用意愿的影响	态度、主观规范、感知价值、持续使用意愿、感知有用性

续表

作者(年份)	基础理论	研究对象	主要变量
Venkatesh (1999;2002)	技术接受模型	短期用户的持续使用意愿	感知有用性、感知易用性、态度、持续使用意愿
Gefen (2005)	技术接受模型	有使用经验用户的持续使用意愿	感知有用性、感知易用性、习惯、态度、持续使用意愿
Hsu et al. (2004)	计划行为理论(分解后)	电子服务用户的持续使用意愿	主观规范、态度、满意度、感知行为控制、持续使用意愿,以感知有用性、感知风险、感知娱乐性作为态度的前因
Chan et al. (2004)	技术接受模型和社会认知理论	网上银行用户的持续使用意愿	主观规范、公众形象、结果可展示性、感知风险、感知有用性、计算机自我效能感、感知易用性、持续使用意愿
Ifinedo (2006)	技术接受模型和任务技术匹配理论	移动搜索用户的持续使用意愿	技术特征和用户特征、感知有用性和感知易用性、持续使用意愿
Naidoot & Leonard (2007)	技术接受模型	电子服务用户的持续使用意愿	服务质量、忠诚刺激、感知有用性、感知易用性、持续使用意愿
Shih (2004)	创新扩散理论	中文门户网站用户的持续使用意愿	感知趣味性、相容性、持续使用意愿
侯海连 (2011)	技术接受模型、社会认知理论	电子学习服务用户的持续使用意愿	认知吸收和社会影响、预期绩效和自我效能感、持续使用意愿
董婷 (2013)	技术接受统一理论模型	移动支付用户的持续使用意愿	使用情境、努力期望、绩效期望、满意度、感知风险、社会影响、持续使用意愿

二、基于期望确认理论的持续使用行为研究

(一)期望确认理论

在 20 世纪 70 年代初期,用户购买后的满意度、重复购买行为成为研究热点。期望确认理论是在认知不一致理论(Cognitive Dissonance Theory, CDT)基础上提出的,用于研究用户重复购买意愿的理论模型(Oliver, 1980)。Oliver(1980)认为,消费者在消费前会对产品或服务产生一个预期,在接受并使用产品或服务后,会形成使用绩效的感知,并将预期和使用绩效的感知进行比较,以证实当初的预期有多少被确认,有多少未被确认,而这个确认(Confirmation)的程度和当初的预期都将会影响消费者的满意度,满意度又会影响消费者的继续使用意向。不满意的消费者将不会继续购买,而满意的消费者将可能会继续使用产品或服务。期望确认理论的基本模型如图 2-7 所示。期望确认理论的有效性已经在众多产品重复购买和服务继续使用的研究中得到证实(Oliver,1981;Surprenant & Jr. Churchill,1982; Pizam & Milman,1993;Oliver,1993;Patterson,Jonson & Spreng,1997)。

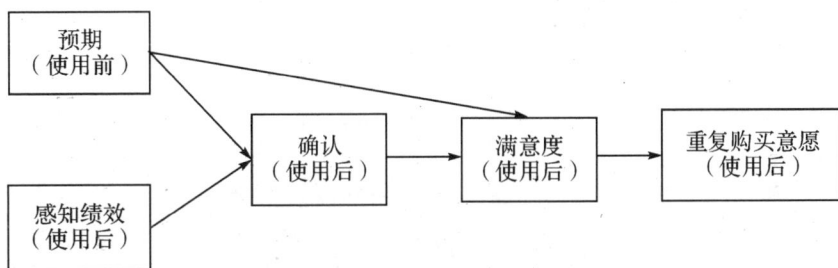

图 2-7　期望确认理论模型

资料来源:Oliver,1980。

(二)期望确认模型(ECM)

期望确认通常用于解决消费者如何总结他们所经历的问题,而他们的经验将影响他们对满意度的主观评价(Oliver, 1993)。Oliver(1980)得出结论,期望确认理论可以确定消费者对满意度和重复购买意愿的判断。虽然期望确认理论已被广泛用于研究消费者满意度、购后行为和服务营销(Bhattacherjee,2001;

Oliver,1993,2001),Bhattacherjee(2001)指出了期望确认理论存在的三个主要问题。首先,消费者的消费经验可能会改变他们的预期,而这种变化可能会影响后续的认知过程;第二,期望确认理论研究涉及满意度的各种各样且矛盾冲突的概念,这可能降低该理论的预测能力;第三,在期望确认理论研究领域,对期望概念的定义出现不一致的现象。一些研究人员将期望解释为对总体性能的消费前信念,把期望作为预期性能来研究。然而,其他人定义期望为对产品功能或服务水平的预期。因此,Bhattacherjee 认为,修改期望确认理论以推动信息系统持续使用理论的发展是非常必要的。

为使期望确认理论适应信息系统背景,Bhattacherjee(2001)使用技术接受模型(TAM)中的感知有用性变量(Davis,1989),把期望确认理论改编为适用于信息技术领域的期望确认模型(Expcetation-Confirmation Model in the Context of IT,ECM),以检查影响个人持续使用意愿的认知信念,其模型如图 2-8 所示。Bhattacherjee(2001)认为,用户持续使用信息系统的决定类似于消费者继续购买产品或服务的决定,因为这两个决策遵循初始(接受或购买)的决定,都受到最初使用经验的影响,都可能导致对最初决定的事后逆转。

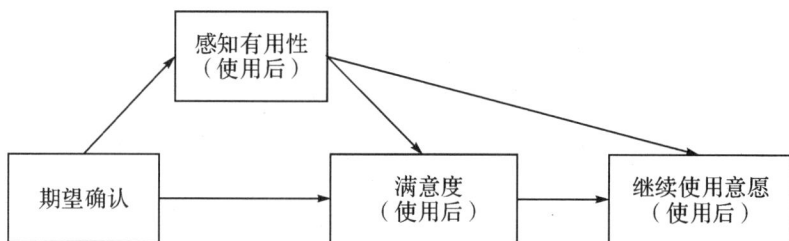

图 2-8　信息系统持续使用理论(ECM)模型

资料来源:Bhattacherjee,2001。

在期望确认模型中,用户基于之前对信息系统的使用情况,形成他们对信息系统有用性的感知。接下来,用户通过评估他们的原始期望,来建立他们对信息系统的满意度水平。最后,用户体验到的情感强度和满意或不满意的性质,促使他们继续或停止使用该信息系统。

因此,期望确认模型有三个方面不同于期望确认理论(Hayashi et al.,2004)。首先,期望确认模型放弃了使用前的预期和感知绩效这两个变量,Bhattaeherjee(2001)认为期望确认和满意度这两个变量已经包含了上述两个变量的所有信息;第二,期望确认模型更关注的是用户对信息系统使用后的信念,因为已有研究表明使用之前的信念和使用之后的信念是存在区别的(Karahanna et al.,1999),补偿了期望确认理论的缺失;第三,期望确认模型中,事后期望体现在感知有用性方面。在 Bhattaeherjee(2001)之后,很多学者在期望确认模型的基础上进行扩展,针对电子银行、网络学习、移动搜索、移动支付领域进行实证研究,如表 2-2 所示。

表 2-2　基于期望确认模型的信息系统用户持续使用研究

作者(年份)	基础理论	研究对象	主要变量
Bhattaeherjee (2001b)	期望确认模型	电子商务用户持续使用意愿	期望确认、感知有用性、满意度、忠诚激励、持续使用意愿
Hayashi et al. (2004)	期望确认模型	大学生电子学习持续使用意愿	期望确认、感知有用性、满意度、持续使用意愿、计算机自我效能感和社会存在感
Bhattacherjee (2008)	期望确认模型	电子商务信息系统持续使用行为	期望确认、感知有用性、满意度、持续使用意愿、IT 自我效能、促成因素、持续使用行为
刘鲁川等 (2011)	期望确认模型、信息系统成功模型	移动搜索用户持续使用意愿	系统质量、信息质量、服务质量、IT 自我功效、感知有用性、满意度、持续使用意愿
吴克文 (2011)	性格五因素模型、期望确认模型	信息系统用户持续使用行为	神经质、审慎性、外向性、开放性、随和性、感知有用性、满意度、持续使用意愿、绩效期望、努力期望、社会影响
王菲 (2012)	期望确认模型、任务技术匹配模型理论	手机浏览器用户持续使用意愿	系统质量、服务质量、感知匹配、满意度、IT 自我绩效、持续使用意愿
Lin et al. (2012)	期望确认模型、信息系统成功模型和任务技术匹配理论	电子学习系统用户持续使用意愿	信息质量、系统质量、服务质量、任务技术匹配、期望确认、感知有用性、满意度、持续使用意愿

续表

作者（年份）	基础理论	研究对象	主要变量
孙建军等 （2013）	期望确认模型	视频网站用户持续 使用意愿	感知娱乐性、感知成本、习惯 等、感知有用性、期望确认、持 续使用意愿、满意度
Stone 等 （2013）	期望确认模型	电子教科书用户持 续使用意愿	期望确认、感知有用性、满意 度、持续使用意愿、内容质量
杨根福 （2014）	期望确认模型、信 息系统成功模型	移动阅读用户持续 使用意愿	感知有用性、满意度、感知娱 乐性、持续使用意愿、系统质 量、服务质量（个性化和社交 化）、信息质量

三、综合各种理论的用户持续使用行为研究

除了上述两类研究之外，另有很多学者将期望确认模型（ECM）、用户接受理论模型以及网络外部性理论、顾客价值理论、公平理论等理论整合在一起进行研究。如 Roca 等人（2008）综合了期望确认模型、计划行为理论、技术接受模型，研究了电子学习用户持续使用的意愿。Lin 和 Bhattacherjee（2008）在期望确认模型和技术接受模型的基础上增加了网络外部性理论研究交互性对用户持续使用信息技术的影响。此外，学者也针对移动阅读、移动浏览器、SNS 社交网络等领域进行研究，这一类的研究总结如表 2-3 所示。

表 2-3　综合各种理论的信息系统持续使用研究

作者（年份）	基础理论	研究对象	主要变量
Roca et al. （2008）	期望确认模型、计划 行为理论	电子学习用户持续 使用意愿	感知质量、主观规范、感知有 用性、感知控制、满意度、持 续使用意愿
Lin & Bhattacherjee （2008）	期望确认模型、技术 接受模型、网络外部 性理论	交互性对信息技术 用户持续使用意愿 的影响	感知有用性、感知易用性、满 意度、期望确认、互联网价值 和感知娱乐性变量、持续使 用意愿

续表

作者(年份)	基础理论	研究对象	主要变量
Lee (2010)	期望确认模型、技术接受模型、计划行为理论、公平理论	电子学习用户持续使用意愿	期望确认、感知有用性、满意度、态度、专注度、主观规范、感知行为控制、持续使用意愿
苏帆帆 (2011)	计划行为理论、感知价值理论、期望确认理论、社会认知理论	移动阅读用户持续使用意愿	满意度、感知有用性、感知易用性、感知娱乐性、感知形象提升、持续使用意愿、期望确认
廖萍 (2013)	顾客价值理论、期望确认模型、计划行为理论	SNS用户持续使用意愿	社会价值、功能价值、持续使用意愿、娱乐价值、程序价值、满意度、感知行为控制

第二节　动机研究理论回顾

　　动机(Motivation)是一种非常复杂的心理现象,从自然界中各种动物的本能,到文明社会中人类行为的产生都与动机存在紧密的联系。对于动机的定义,心理学家各有不同。如 J. Houston(1985)将动机定义为"引导和产生行为的主要因素,并决定了行为的持续性和强度"。《不列颠百科全书》将动机定义为"为实现一个特定目的而行动的原因"。动机心理学家 Pintrich 和 Schunk(1996)从认知心理学的角度,将动机定义为"一种由目标或对象引导、激发和维持个体活动的内在心理过程或内部动力"。也即是说动机是由一定的目标所引导和激发的一种原动力,在这种原动力的推动下产生了行为。而原动力的产生是因为个体为了满足自身的某种需要,从而去推动行为从事某种活动。郭德俊(2005)总结了动机的特征,她认为动机不仅具有隐蔽性和复杂性,同时具有动力性和方向性的特征。

　　由于动机的复杂性,动机的类型也多种多样。如为了满足各种生理需要而产生的饥饿动机、渴的动机、睡眠动机、疼痛动机、吸烟动机等等;为了满足权利与控制、实现成就、兴趣与认知、社会交往等需要而产生的社会性动机。

这些需要推动人们产生各种行为,如吃饭、睡觉、学习、参与社会活动、赢得社会地位等。此外,根据动机的来源,可以将动机分为外在动机和内在动机两种类型。如由于鼓励、表扬、奖励、惩罚等各种外在因素的激发所产生的动机则为外在动机;而由个体的兴趣、信念、理想、荣誉感等内部心理因素所激发的动机则是内在动机。一般来说,内在动机更为持久,而外部动机持续的时间则比较短。

由于动机对于行为的影响及重要性,动机研究一直是心理学领域学者们研究的一个重点。动机的研究至今已有几百年的历史(郭德俊,2005)。而现代动机的研究则是在认知心理学的基础上展开的,也称为动机认知理论。动机认知理论认为,动机的产生源于个体对未来的期望和目标的选择。动机与个体的认知相互作用,从而产生行为。来自个体外界的信息,经过个体的大量认知活动,形成信念,从而引起、改变和维持行为。现代动机认知研究的理论非常丰富,如自我决定理论、归因理论、自我效能感理论、沉浸理论、成就动机理论等等。

现代动机认知理论与信息系统用户行为研究也有一定的渊源。如在Davis(1989)的技术接受模型中,Davis认为感知有用性就是个体的外在动机,也即用户是为了提高工作绩效、获得奖励等外在目标而去使用信息系统,这种信息系统的接受行为就是由外在动机所激发。而在E-Learning系统的使用行为研究中,也有学者从用户的兴趣、享受等内在价值的视角去解释用户的持续使用行为,这个内在价值实质上就是内在动机(Chao-Min Chiu, Eric T. G. Wang,2008)。为了能更好地对用户的E-Learning持续使用行为进行分析,本书在后面的章节中将引入动机理论的因素变量,对信息系统用户持续使用的相关理论进行扩展。接下来将对相关动机认知理论进行简要回顾。

一、自我决定理论

1.自我决定理论的概念

自我决定理论(Self-Determination Theory,SDT)是由 Deci 和 Ryan (1980)提出的动机心理学理论。自我决定理论(SDT)提出两个首要的动机类型:内在动机和外在动机。内在动机是指为做某事而做某事,只因当事人享受其过程(Ryan & Deci,2000)。外在动机是指为了一个独立于事情本身的结果而去做某件事,比如追求奖励或者避免惩罚(Ryan & Deci,2000)。最近30

多年的研究表明,相比外在动机,内在动机在各个领域各种任务中,都会带来更为良好的坚持、表现和满足感,比如教育、健康和组织领域。该理论还提出,采用内在动机而非外在动机(Baard,Deci & Ryan,2004;Black & Deci,2000;Williams,Ryan & Deci,1996),取决于对三项基本心理需求的满足,包括自主性、能力和关系性。

自我决定理论(SDT)强调动机,提出人类对自主性、能力和关系性有基本的心理需求,而且这种需求是普适性的。研究显示,人们对于那些能满足他们个人需要的活动(LaGuardia,Ryan & Deci,2000;Sheldon & Elliot,1999)更易坚持,并有更高质量的表现。在自我决定理论(SDT)里,自主性是指在组织中个人渴望自我发起并管理自身行为的需要(Deci & Ryan,2000)。自主支持关乎个人自我组织行动的愿望,此时个人可以自由追求那些活动,并在此过程中感受到自己的决断力(Deci & Ryan,1985a,1987;Ryan & Connell,1989)。对能力的需求是指个人渴望在获得重要成果时感到是有影响力的或者是具有控制力的(Deci & Ryan,1980)。意味着人们在与环境互动过程中,以及在他们进行某项活动时,都更有效率,这与自我效能观念(Bandura,1986)相似。对关系性的需求是指渴望与他人具有相属感,或者与他们保持相关性的需要(Deci & Ryan,1980),如需要重要人物的支持和关注,比如经理、父母、老师、团队成员等。

满足这三项基本心理需求在很大程度上依赖于活动的发生背景。早期研究表明,外部控制,如奖励、最后期限、监督、评价、威胁会削弱人们的内在动机。而如果在一项活动中,有影响力的人物提供选择机会,考虑需要激励人员的角色,为其提供相关信息,并鼓励首创精神,比如家长、老师或组织领导采用这种自主支持性风格的方式,被激励者更有可能从内在受到激励来参与活动。然而,当这些有影响力的人物以控制的方式行事,被激励者更容易受外在动机激励,进而带来坚持、表现和满足。其他研究表明,自主支持可以让被激励者更愿参与一开始不感兴趣的活动,并增进对该项活动的正面感受。

2.外在动机的内化

此外,自我决定理论的另一个贡献是,认为动机并非是内在和外在简单二分化的,而是一个连续体,而且这个连续体是不稳定的。外在动机不是一成不变的受控制的动机形式,该理论认为将外在动机内化是有可能的,如此可以自主管理。内化被定义为是价值、目标结构化为自己内在的,如此一个行为成为内在调控的,而非由外在因素调控,比如奖惩措施。在图 2-9 中,Deci 和 Ryan

说明了动机的类型及其调节过程。在图中,"无动机"和"内在动机"处于连续体的两端,外在动机在中间。"无动机"是指当个体的基本需求得不到满足时的动机状态。外在动机在不同的内化调节水平(外部调节、内投调节、认同调节和整合调节)下可以向内在动机端移动,从而转化为内在动机。当个体为了外部的奖赏而投入活动时,就是属于外部调节,因此是受控外在动机的原型。当个体进行自我控制、采用内部奖励或惩罚来投入活动时,此时就属于内投调节。因此,内投式调控某个行为,特征是自我参与、内在压力、罪疚感、羞愧感或自我价值的可能性。当个体出于活动本身的利益考虑其价值而投入活动,并主观认为其对自身而言有重要意义,则属于认同调节。因此,以认同的态度去调控一项活动对个人而言意义非凡,可以实现个人的重要目标和价值;当个体将某种行为整合入自我感的时候,就属于整合调节。而当个体是因为兴趣或快乐而投入活动或产生行为,则是真正受内在动机的驱动。

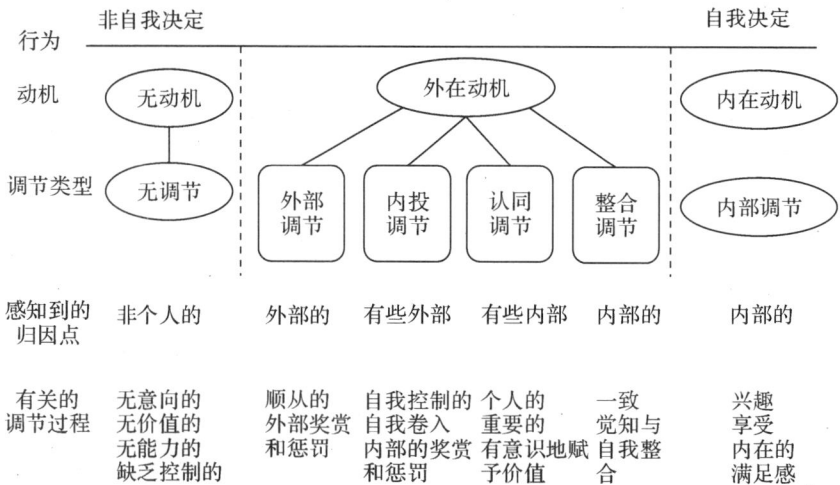

图 2-9　Deci 和 Ryan 自我决定理论中的动机类型及其调节过程

资料来源:Ryan & Deci,2000。

3. 自我决定理论的测量

在自我决定理论发展的过程中,逐渐形成了众多的测评量表,如自主支持感问卷、自我调节问卷和体育活动动机量表等;而在基本心理需求研究领域,则有感知能力量表、基本心理需求量表和自主决定量表等。其中基本心理需求量表(Basic Psychological Needs Scale,BPNS)主要用于测量人们对自主、能力、关系三种基本心理需求的满足程度。该量表由 Gagne(2001)提出,用于测量儿童与青少年的基本心理需求。量表由自主、能力、关系三个分量表共21个问项组成，每个分量表包含6～8个问项，每个问项采用1(非常不同意)～7(非常同意)级计分。该量表在动机心理学领域的研究中得到了广泛的应用，且表现出良好的信度和效度(Johnson & Finney，2010；Philip & Shaffer et al.，2005)。国内学者在BPNS的基础上开发出中文版基本心理需求的量表，以满足不同社会和文化背景下动机的测量(刘俊升，林丽玲，2013；吕媛，2014)。

4. 自我决定理论的研究现状

自我决定理论通常被用于学习与教育、体育与运动科学、健康、精神病理学、组织管理等多个领域的个体动机的研究。如在教育领域，自我决定理论主要用于研究如何提高学生的学习兴趣，增强学生的自信等。Reeve和Jang (2006)的研究表明，在教学中教师自主支持的指导行为与学生感知到的自主性呈显著正向关系，教师控制型的指导行为则与学生感知到的自主性呈显著负相关，而自主性则与学生在学习活动中所表现出的享受学习、充满兴趣等积极结果显著正相关。Sorebo等(2009)通过对挪威布斯科鲁德大学教师使用网络课程的持续使用意愿的研究，证明了感知娱乐性(内在动机)影响教师满意度，感知有用性(外在动机)、感知娱乐性影响教师持续使用意愿。在运动领域，自我决定理论主要用于研究个体参与运动的动机、运动员如何才能长久坚持并获得好的成绩等(苏煜，2007；王相英，2009；邹军华，2012；王丽琴，2014)。在组织领域，自我决定理论主要用于研究自主支持的工作环境是否能够促进员工基本需要的满足，是否能提升员工的内在动机，并且有助于外部动机的内化，进而导致员工持续有效率的工作表现、工作满意感、积极的工作态度、组织认同以及心理幸福感的出现(张建兵，李跃，Edward L. Deci，2010；刘玉新，张建卫，黄国华，2011；张旭，樊耘，黄敏萍，颜静，2014)。而在信息技术用户接受及持续使用行为研究中，目前相关的文献只有少数的几篇(赵明霞，2013；姚唐，2013；郑秋莹等，2013)。

二、自我效能感

1. 自我效能感的概念

自我效能感(Sense of Self-efficacy)是由美国心理学家班杜拉在1977年

提出的概念。班杜拉将自我效能感定义为：为达到特定活动的要求，一个人对自身所应具备的组织能力、执行行动流程的能力的主观判断。自我效能感与个人能力无关，而与个人如何判断自身能做什么有关，无论此人掌握何种技能。那么可以说，自我效能感是一个人对自己能够完成某项任务或行为的信念，它与自我决定理论(SDT)中的能力概念相似。班杜拉认为，人的行为是环境(如社会因素)、人的个性特征(认知、情感、自我)相互作用(选择与影响)的结果，而自我效能感则会影响个体的行为选择以及行为的持续时间。在面对困难或不确定性的时候，自我效能感高的人更能够经受住考验，容易坚持更长的时间；而自我效能感低的人，则会把问题想得更困难，也更容易放弃。

班杜拉认为个体自我效能感的形成有多方面的原因：①个体过去成败的经验。个体在以往所经历的成功或失败的经验会影响自我效能感，成功经验丰富的个体会有高的自我效能感，而有较多失败经验的个体则会形成低的自我效能感。②替代性经验。个体的自我效能感来源于身边与自己相似的其他人的成功经验。③言语劝说。自我效能感来源于他人言语暗示或者个体自我劝说。④情绪的唤起。个体在特定情景下的情绪状态，能激发并提高自我效能感。⑤情境条件。当个体认为自己有能力适应与控制所处的情境时，会有更高的自我效能感。

2. 自我效能感的测量

对于自我效能感的测量，Bandura 认为应该对不同的领域进行具体化。因为不同领域对个体的能力要求不一样，具体化测量可以提高预测的效度(Bandura，2003)。很多学者从水平、强度、普遍性三个维度测量自我效能感。水平是指个体对能否完成特定活动的判断(Bandura，2003；张鼎昆，方俐洛，凌文辁，1999；姚凯，2008)；强度是指个体确信自己能够完成特定活动的信心的大小；普遍性也称为广度，是指自我效能感的变化是否扩展到类似的行为和背景(Bandura，2003；张鼎昆，方俐洛，凌文辁，1999)。在之后的研究中，一些研究者使用单一的 Likert 量表测量自我效能感，并证明测量的有效性。因此，现代很多研究者在测量自我效能感时也采用单一的 Likert 量表。随着自我效能感理论的发展与广泛应用，学者开发了丰富的自我效能感测量量表。如学业自我效能感量表(Decort，2003)、教师教学效能感量表(TES)(Gibson，Dembo，1984；Woolfolk，Hoy，2006)、一般自我效能感量表(GSES)(王才康，胡中锋，刘勇，2001)、管理自我效能感量表(陆昌勤、凌文辁、方俐洛，2001)、职业自我效能感量表(姜飞月，2002)、情绪自我效能感量表

(RES)(G. V. Caprara,2008)、计算机自我效能感量表(D. Compeau,1995；James Brown,2007；王靖,2010)。而在 IT 领域,学者通常使用计算机自我效能感、互联网自我效能感、IT 自我效能感等变量来测量用户的自我效能感(Hayashi et al,2004；Bhattacherjee,2008；刘鲁川等,2011；胡勇,2014)。

三、归因理论

1. 归因的概念

归因是指个体对行为发生的原因进行解释和推测的过程。归因用来说明为什么一个人相信一个事件发生,并提供决策和行动的动机(Karsten,2002)。归因被视为个体认知和满意度的决定因素(Oliver,1993),侧重于解释"特定事件、状态或结果的发生和现象之间的因果关系"(Weiner,2000)。归因理论有助于洞察人们拒绝 IT 技术的原因,以及对信息系统的反应(Karsten,2002)。Russell (1982)认为,成功的因果归因是内在的、稳定的、可控的。然而,在 Weiner 提出的四个最重要的影响归因的因素——能力、努力、任务难度和运气中,后两个是既不稳定也不可控的。Weiner (2000)发现,无论结果是积极或消极,消费者都会达成一个关于购买结果的归因结论,而这个结论势必会影响随后的消费者行为。

因果归因的结果在消费者的决策制定上发挥作用(Weiner,2000)。归因理论有助于洞察在解释个人行为方面的自我认知和社会认知,也即自我归因和他人归因。他人归因专注于别人行为背后的原因。例如,信息系统专业人士可以推断,一个成功的结果来自良好的系统设计,而用户可能认为一个成功的结果来自他们的专业。

2. 归因的维度与测量

Weiner 等(1971)最早提出因果归因的维度。他们提出了两个主要因果维度:控制点(现在称为因果轨迹)和稳定性,并在之后的研究中增加了第三个维度,名为可控性(Weiner,1979)。因果轨迹是指事件是行为者自身(内部)还是环境(外部)的原因,如学习内容难度大是外部原因,能力不足是内部原因;稳定性是指事件原因的可变性,也即原因是否会随时间的变化而出现变化,如能力稳定性高,而运气则变化大;可控性是指事件的原因是否能为行为者所控制,如自身努力是可以控制的,而运气则可控性低。在一般情况下,

Weiner 的因果轨迹(内部和外部)、可控性和稳定性是可以被充分证实的。Weiner 不仅关注归因本身,而且开始探索归因对于后续行为的影响。他认为,归因在行为后果和后继行为之间起到中介作用,归因的结果对下一次行为的预期和情感反应产生影响,进而影响后继的行为。Weiner(1980)提出了一个简明的动机归因模型,如图 2-13 所示。

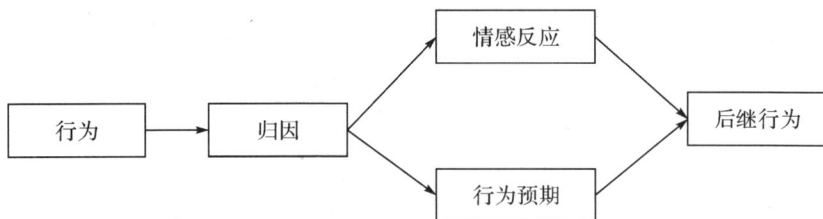

图 2-13　简明动机归因模型
资料来源:Weiner,1980。

　　因果维度量表(CDS)由 Russell(1982)提出,是一种流行的测量一般因果关系的方法 (Oliver & DeSarbo,1988;Russell,1982;Weiner,2000)。然而,在实际背景中,因果维度量表在因果轨迹和可控性之间存在倾斜,因此可控性测量的可靠性很低(Watkins & Cheng,1995)。后来该量表由 McAuley,Duncan 和 Rusell(1992)进行修改,将可控性分为个人控制和外部控制两个维度,形成第二代因果维度量表,提高了因果维度量表(CDS)测量的可靠性。虽然因果维度量表是常用的测量一般因果归因的工具,但成功或失败的原因是多种多样的,如能力、努力、个人情绪、任务难度、运气、环境约束和组织因素等(Johnston & Kim,1994)。因果维度量表及其追随者仅能对某个事件起因提供有限解释。

四、沉浸理论

1. 沉浸的概念

　　沉浸理论(Flow Theory)描述的是人们在日常生活、工作、学习或娱乐等活动中,有时会将注意力完全投入其中,忘记了周围的人、物、事,甚至自己的存在,忘记了时间的流逝,进入到了一种忘我的状态。这种状态就是美国心理学家 Csikszentmihalyi(1975)提出的沉浸理论中的"沉浸"状态。Csikszentmihalyi(1990)在之后的心理学专著中,对"沉浸"的含义作了进一步的诠释："沉浸是指具有适当的挑战性,而能让一个人深深沉浸于其中,以至忘记了时间的流逝、意识不到自己存在的体验。"沉浸体验(Flow Experience)被认为是一种最佳的体验状态。

目前,沉浸理论被应用于绘画、游戏、运动、嗜好、计算机与网络环境的相关活动用户体验的研究。如 Theotokis 和 Doukidis(2009)将沉浸理论应用于社交软件用户忠诚度的研究,发现处于沉浸状态的用户对社交化应用软件的忠诚度要高于其他用户。Tao Zhou 等(2010)在移动 SNS 用户忠诚度的研究中,结合沉浸理论和信息系统成功模型,实证检验了用户的沉浸体验对他们使用移动 SNS 应用软件的忠诚度。此外,该理论在网络浏览、信息搜索、网络阅读、在线游戏、在线购物等不同的领域也有广泛应用。

2.沉浸的维度与测量

在沉浸状态早期的测量中,主要考虑挑战和技巧两个维度。Csikszentmihalyi(1975)认为,沉浸状态会发生在一种平衡状态下:即活动的挑战性与用户所具有的技巧之间的平衡。若挑战太大,则用户会对活动缺乏控制力,从而产生挫败感;若挑战太低,用户会觉得无聊而没有兴趣。随着计算机和网络技术的发展,沉浸理论在人机互动及网络环境用户体验的研究中得以扩展。Ghani 和 Deshpande(1994)在人机互动的研究中,提出了专注(Concentration)和享受(Enjoyment)两个要素。Novak、Hoffman 和 Yung (1996)等学者将沉浸理论应用于网络环境开展一系列的研究,发现沉浸状态的测量除了要考虑挑战和技巧之外,还应考虑专注度。之后,Novak 和 Hoffman (2000)在网络环境沉浸体验的研究中对模型进行扩展,引入了注意力专注、互动、涉入、玩乐性、远距临场感等要素。

第三节　E-Learning概念、特征及应用类型

一、E-Learning的概念

E-Learning,是 Electronic-Learning 的缩写,从字面上可以理解为电子化学习。在E-Learning发展的不同阶段,E-Learning同时也被称为基于网络的学习(Web-based Learning)、在线学习(Online Learning)、远程学习(Distance

Learning)、数字化学习(Digital Learning)、分布式学习(Distributive Learning)、移动学习(Mobile Learning)等等。E-Learning的概念最早是由美国企业培训师杰·克罗斯(Jay Cross)于1999年基于信息技术在企业员工培训中的应用而首次提出。目前,教育领域对于E-Learning的定义尚无统一的描述。从广义上讲,E-Learning是指一切采用电子技术手段实施的教育、学习活动;从狭义上讲,E-Learning是指通过互联网、内部网等网络实施的教育、学习等活动。在E-Learning的发展过程中,学者们对E-Learning的内涵有不同的理解,但总结起来,大致有以下几种解释。

(1)E-Learning是一种技术手段。在E-Learning发展的初期,学习资料以电子化的方式被保存在CD-ROM、DVD、计算机等设备中,并通过局域网及互联网进行远距离的发送与接收,并在教学中以多媒体化的方式进行呈现。这些技术在传统教学中作为辅助教学手段,发挥了重要的作用。这一个时期的学者主要从电子化、数字技术的角度来解读E-Learning。他们认为,E-Learning是依托现代计算机与网络等信息化技术的学习方式或手段。如Hall(1997)认为,E-Learning是通过局域网、互联网、CD-ROM、DVD等计算机网络及多媒体平台进行传送的电子化教学手段。Henry(2001)认为,E-Learning是利用互联网技术对学习进行支持,包括基于网络通信技术的知识的发送、接收、处理和管理。Allen(2003)认为,E-Learning是用以支持教学过程的具有结构化特征的电子化或计算机教学系统,如课程管理系统、学习管理系统等。此外,在20世纪90年代中期即开展E-Learning项目的Cisco公司,将E-Learning应用于企业员工培训和客户在线培训,并以此来降低成本,增加利润。Cisco公司认为,E-Learning是"由互联网促进的学习方式(Internet-enabled Learning)"。

(2)E-Learning是一种新的教学理念。与持技术观点学者不同的是,基于教育理念的视角的学者认为E-Learning应该是教与学的理念的变革,在"学"的理念上应该体现自主学习、自适应学习、个性化学习、终身学习,而在"教"的理念上则要侧重教师的角色的重建、教师控制心态的转变、教学战略上的调整(Conrad,2000;Clark & Mayer,2003)。此外,Alexander(2000)的研究也发现,要真正通过E-Learning来改善学习,不能仅仅依靠应用信息技术本身,而要在学习和教师理念上进行真正的变革。Rosenberg(2001)和Newton(2002)则通过实证研究,发现组织文化是成功实施E-Learning的重要影响因素,也即实施E-Learning应该从文化制度上进行变革,从而改变人们对

E-Learning的理念的认识。

（3）E-Learning是现代信息技术与教学理念的融合。随着E-Learning的发展，E-Learning研究的视角也在不断地变化。一些学者从技术与理念的综合视角来理解E-Learning。如 Masie（2003）认为，E-Learning中的"E"不应该只是 Electronic，而应有学习者的体验（Experience）、学习方法的延伸（Extension）以及学习机会的扩大（Expanded）等含义。而美国教育部发布的教育技术白皮书（2000 年度），也从技术手段、学习方式、教学理念等综合视角对E-Learning作了如下阐述：①E-Learning是一种通过内部网络或互联网络进行的教育服务。②E-Learning是一种为终身学习提供可能的全新的学习方式。在这种学习方式中，教与学的关系、教师的角色也因此而改变，并最终改变教育的本质。③E-Learning在实现某些教育目标方面具有一定的优势，但不会取代目前的传统学校教学模式。此外，国内学者何克抗教授认为，E-Learning应该译为"数字化学习"，"E-Learning是依托现代信息技术和具有丰富学习资源的学习环境，具有全新沟通机制和学习方式的学习与教学活动。E-Learning将改变传统教学中的师生关系，并进而改变教学结构和教育本质"。

综合以上学者对E-Learning概念的解释，虽然在理解上有所侧重，但其本质是一致的。我们可以从中整理出一些关键术语，如网络技术、教学平台、教学系统、教学理念、学习方式、教与学关系的变化等。从这些关键术语中我们可以梳理出E-Learning的三个基本要素：学习环境、学习资源和学习方式。E-Learning的使用是这三个基本要素相互影响、相互作用的持续性过程。其中学习环境是指基于现代信息化技术，具有多媒体化信息显示、网络化信息传输、智能化信息处理和虚拟化教学环境等特征的数字化学习环境，由基础教学设施、教学资源、教学平台、通讯工具等组成。学习资源是指经过数字化处理的数字视频、数字音频、课件、数据库等学习资料。而学习方式是指利用数字化平台和数字化资源，教师、学生之间开展协商讨论、合作学习，并通过对资源的收集利用而探究知识、发现知识、创造知识以及展示知识的学习过程。

基于以上分析，在本书中我们将E-Learning定义为："E-Learning是利用计算机、因特网或内部网等现代化信息技术，依托具有学习设计、管理、选择、处理、发送、互动、通信、支持等功能及丰富资源的学习平台或环境，通过对数字化资源进行学习与教学的活动，从而实现自主学习、个性化学习、终身学习等理念的一种全新的学习方式；促使教学中教师角色与作用、师生关系的转变，从而从根本上改变教学结构和教育本质。"

二、E-Learning应用类型

　　E-Learning概念的提出至今已有十余年的时间，随着其有效性在教育实践中不断得到证明而获得了广泛的认可。目前E-Learning作为一种新的学习方式，已经在学校、企业等教育实践中备受青睐与关注。根据E-Learning所涉及的教育阶段以及学习人群的不同，可以将E-Learning服务分为以下几种类型：高等教育、基础教育、企业培训、职业认证培训和其他教育服务等。具体总结如表2-4所示。

表 2-4　E-Learning服务的类型

类型	具体描述
高等教育	E-Learning在高等教育中的应用类型主要有三种：远距离教育或远程教育、传统高校教学的支持（如通过E-Learning平台传送下载教学资料等）、混合式学习（在线学习与面对面学习相结合的教学方式）
企业员工或客户培训	企业通过E-Learning系统对其员工进行培训，是现代企业提升人力资源质量的一种重要方式。E-Learning方式可以降低企业培训成本，扩大员工培训的规模。培训的方式有远程学习、在线学习或混合式学习等多种模式。企业也可以针对客户开展E-Learning服务，如产品使用操作、设备维护等
职业认证培训	针对各个行业与目标对象，提供职业认证相关的课程考试、技能操作培训
基础教育	针对中小学学生开展辅助类教学活动，不提供学历证书
其他教育服务	针对社会大众提供各种教育服务，如一些教育门户网站、内容平台服务商、各教育频道等提供的网络教育服务

资料来源：根据 iresearch 网络教育行业发展报告整理。

三、E-Learning的特点

E-Learning是通过计算机及互联网络实现的，与传统教学模式相比，其在教学资源的丰富性、学习方式的自主性、学习时空上的随时随地性都具有一定的优势。对于个人来说，E-Learning可以满足个体随时随地的个性化学习需要，使得终身学习成为可能；对于企业组织来说，管理者可以通过E-Learning方式对员工进行培训，并通过E-Learning平台管理、跟踪员工的学习情况，进行及时反馈与评价，员工可以根据自己的需要登录E-Learning系统进行学习充电；在高等学校中教师也可以将E-Learning与传统面对面教学方式相结合开展混合式学习，提高学生学习的自主性。与传统学习模式相比，E-Learning具有终身化、网络化、个性化、聚合性等特点，如表 2-5 所示。

表 2-5　E-Learning的特点

特点	具体描述
终身化	学习者可以不受学习地点、学习时间、年龄的限制，在需要的时候都可以通过互联网或局域网登录到E-Learning系统进行学习
网络化	E-Learning是基于互联网或局域网络的，学习资源保存在网络上，可以及时更新，数据可以进行分发与共享
个性化	学习者可以根据学习需求选择学习内容，根据自己的时间自主安排学习进度
数据化	学习者的学习活动通过学习系统记录下来，这些数据可以作为学习者学习行为分析与学习效果评估的依据
聚合性	E-Learning学习平台将文本、图像、图形、视频、声音等各种形式的学习资源内容聚合到一个平台上，可以满足各种学习者的需求

第四节　E-Learning用户学习行为研究

由于学习方式的特殊性,E-Learning对学习者来说具有随时随地性、自主性、个性化等优点。但同时由于教与学在时空上的分离,E-Learning对教师的"教"和学生的"学"都提出了更高的要求。学习者的学习过程与绩效存在众多的不确定性,同时也受学习习惯、职业背景、学习的目标与动机以及所处的学习环境等众多因素的影响。彭文辉(2013)基于班杜拉的三元决定论模型和行为科学理论分析了影响网络学习行为的因素:

(1)个体特征因素。如学习者的性别、年龄、学业背景(在职或在校)。

(2)心理特征因素。包括个体的需要和动机、人格特征、学习态度、个体的情绪、学习意志、自我效能感等。

(3)环境因素。包括网络技术环境和社会环境两个方面。其中网络技术环境包括计算机设备、网络通信设备等网络基础设施,以及网络学习平台和网络学习资源;社会环境则包括群体环境、组织环境、生活环境、国家及行业政策等。

以上因素较为完整地概括了影响网络学习行为的各方面的要素,但由于个体特征的差异以及所处环境及学习情境的不同,学习者的学习行为各异,各因素对学习者的重要性也不一样。这些因素如何影响学习者的行为,孰轻孰重? 需要有更进一步的研究。

近年来,随着网络学习、在线学习等E-Learning方式在学校教育、企业培训等领域中应用的不断深入,围绕着E-Learning而开展的用户学习行为研究成为教育及相关领域研究的热点。通过对目前相关研究文献的梳理,大致可以将E-Learning用户学习行为研究分为以下三类:基于大数据的学习行为研究、用户接受行为研究和用户持续使用行为研究。下面分别对这几类研究进行简要回顾。

一、基于大数据的学习行为研究

基于大数据的学习行为研究主要是以在线学习平台中用户学习的过程及结果记录数据为基础,通过相应算法进行数据挖掘,分析用户的在线学习行为。随着E-Learning的发展与深入,E-Learning系统的功能也不断增强,用户的学习过程与行为将被记录在学习系统中,这些数据将成为分析用户学习行为的基础。特别是一些大规模在线课程,一门课程往往能同时吸引几万名用户同时在线学习,通过对这些用户学习数据的挖掘与分析,可以了解用户的学习行为。目前,国内已有少数学者开展这方面的研究,但总体还比较少。如贾积有和缪静敏(2014)等学者通过对北京大学发布在 Coursera 平台上的 6 门 MOOC 课程的 82352 位注册学员学习行为的分析,对用户的点击率、评论次数、提问次数、持续学习时间等过程数据和辍学率、及格率等结果数据之间关系的分析,以此来掌握用户的学习行为。如姜强和赵蔚(2015)等学者以大数据为基础构建用户个性化自适应在线学习分析模型,以此来预测学生知识掌握的程度,以便对学生进行学习干预,提高学习效果。大数据分析为了解用户学习行为提供了一个有效的方法,但这些分析只能说明行为的结果,至于为什么会有这样的行为或者行为是如何产生的,通过大数据则无从得知。因此,还需要借助其他分析手段了解用户学习行为产生的原因。

二、E-Learning用户接受行为研究

近年来,外文文献中对E-Learning技术接受问题的研究逐渐增多。如 Raaij 和 Schepers(2008)在 TAM 的基础上引入个人创新性和焦虑这两个变量作为影响感知易用性的外部因素,研究用户对E-Learning平台的接受程度; Huang,Lin 和 Huang(2012)以 TAM 为基础引入学习风格变量,讨论 E-Learning环境下学习风格对学生在线参与的影响;Lee,Yoon 等(2009)在 TAM 的基础上,分析验证了教学资料和学习内容对大学生E-Learning平台使用意愿的影响。

中文文献也有此类研究。如李明辉(2010)整合媒体丰富度理论、TAM、认知理论对网络环境下学习者学习满意度和使用意愿的影响因素进行了分析,结果证明媒介丰富度、学习者自我效能感和学习能力对学习者的满意度有显著影响,此外,外在激励对学习者使用意愿也有显著影响。刘鲁川和孙凯(2011)基于 TAM 研究了移动学习用户接受行为,引入沉浸体验、社会影响等变量对 TAM 进行了扩展,并通过实证研究证明了用户沉浸和社会影响对用户使用移动学习意愿有正向影响。顾小清和付世容(2011)以 TAM 为基础,整合了信息系统成功理论对移动学习用户的接受度进行实证研究。羌莉莉

(2012)在 TAM 中引入自我效能感、自愿性、媒体丰富性研究了阿里学院在线培训用户的接受度。谢爱珍(2102)基于 UTAUT 理论对大学生使用手机移动学习的意愿进行了研究。王仙雅、林盛和陈立芸(2013)以 TAM 为基础,从网络外部性和交互性两个视角对模型进行了扩展,引入网络规模、感知补充性、人机交互、人人交互四个变量,并以实证研究的方法分析了新变量对大学生E-Learning平台使用意愿的影响。

从以上研究现状可以看出,TAM 是E-Learning用户接受研究中使用较多的理论,而针对E-Learning的特征,为了提高模型的解释力,研究者将媒介丰富度理论、网络外部性理论、自我效能感理论、沉浸理论、互动理论、信息系统成功理论等相关理论整合到 TAM 模型中,丰富了信息技术接受理论在E-Learning用户接受中的研究。此外,学习者的特征如学习者风格、能力、焦虑情感也被纳入到研究模型中。而在E-Learning接受的研究对象方面,主要包括基于网络环境的学习方式的用户接受、E-Learning平台的用户接受、移动学习的用户接受和在线培训的用户接受等多个方面。

三、E-Learning用户持续使用行为研究

在E-Learning用户持续使用行为方面,目前外文文献中已有一些研究的案例。如 Chiu 等(2005)较早地开展了E-Learning持续使用研究,他们使用可分解的期望确认理论,将E-Learning的有用性信念划分为三个组成部分,即感知可用性、质量及价值。同时他们在模型的三个不同组成部分分别加入一套确认或不确认的概念。他们的研究结果表明,感知可用性、质量、价值信念可对E-Learning用户满意度和持续使用意愿的形成产生重要影响,但是分解过的确认或不确认变量仅得到部分支持。Chiu 和 Chiu 等(2007)利用信息系统成功理论(DeLone & McLean,2003)和公平理论(Lind, Kulik, Ambrose, & Deverapark, 1993)里的变量,对信息系统持续使用理论加以补充。其引入信息系统成功理论中的信息质量、系统质量、服务质量的概念和公平理论中的分配公平、程序公平、互动公平的概念,结果证实无论是来自信息系统成功理论(即抛开服务质量)的变量,还是公平理论的变量,对用户E-Learning满意度和持续使用网络意向的形成意义重大。此外,Limayem 和 Cheung(2008)、Cho等(2009)、Lee (2010)、Yung-Ming Cheng(2014)等学者也基于不同的理论对E-Learning用户持续使用行为进行进一步的研究。

　　中文文献中E-Learning用户持续使用行为方面的研究还很少。在中国知网以"持续使用"、"在线学习"、"E-Learning"、"网络学习"、"继续使用"等主题词进行查询,截止到 2014 年 12 月,只有 4 篇 E-Learning方面的研究文献(侯海连,2010;陈美玲,2013;钱瑛,2014;何檀,2014),其中移动教育与移动学习研究 2 篇,在线学习研究 2 篇。国内外E-Learning用户持续使用行为研究总结如表 2-6 所示。

表 2-6　E-Learning 持续使用行为研究

作者	主要理论	研究对象	主要变量
Chiu et al. (2005)	可分解的期望确认理论	继续教育大学生网络学习持续使用意愿	满意度、持续使用意愿、感知质量、感知价值、感知可用性、可用性不确认
Chiu & Wang (2008)	技术接受和使用统一理论模型(UTAUT)	利用网络进行继续教育学习的学生持续使用意愿	计算机自我效能感、成就价值、实用价值、感知娱乐性、绩效期望、努力期望、持续使用意愿
Limayem & Cheung (2008)	期望确认模型、使用习惯	基于互联网进行学习的大学生持续使用意愿	期望确认、感知有用性、满意度、持续使用意愿、持续使用行为、使用习惯
Cho et al. (2009)	技术接受模型(TAM)	大学生网络学习持续使用意愿	感知有用性、满意度、使用经验、持续使用意愿、感知界面设计
Lee (2010)	信息系统持续使用模型、技术接受模型、公平理论	网络学习大学生持续使用意愿	期望确认、感知有用性、满意度、态度、主观规范、持续使用意愿
Yixiang Zhang (2012)	交流环境心理安全、感知响应性	参与学习讨论的大学生持续使用意愿	交流环境心理安全性、感知响应性、持续参与意愿、满意度
陈美玲 (2013)	期望确认模型	大学生移动学习持续使用意愿	感知有用性、满意度、持续使用意愿、期望确认、感知易用性

续表

作者	主要理论	研究对象	主要变量
Yung-Ming Cheng(2014)	信息系统持续使用模型、质量理论	医院护士混合式学习持续使用意愿	感知有用性、满意度、持续使用意愿、期望确认、信息质量、服务质量、系统质量
钱瑛 (2014)	期望确认模型、社交网络特征	在线学习参与者持续使用意愿	感知有用性、满意度、持续使用意愿、期望确认、感知互动、感知兴趣、内容驱动
何檀 (2014)	期望确认理论、任务技术匹配理论	移动教育用户持续使用意愿	信息质量、系统质量、服务质量、技术特征、任务特征、感知匹配、感知有用性、满意度、持续使用意愿

第三章

态度和沉浸体验对E-Learning 用户持续使用意愿的影响研究

在本书的第二章中，我们分析了信息系统用户持续使用行为研究的主要理论范式："信念—态度—意向—行为"和"信念—满意度—意向—行为"。现有理论体系在解释用户使用意愿的前因时，多使用外在动机，如感知有用性、绩效期望等变量。而现代动机研究的结果表明，内在动机比外在动机能使行为具有更强的持续性。因此本章将在信息系统持续使用研究理论范式之一的"信念—态度—意向—行为"的基础上引入沉浸理论，重点讨论态度和沉浸体验对E-Learning用户持续使用意愿的影响。

第一节 研究模型与研究假设

一、理论背景

1.态度

态度是指个体对外界事物的积极或消极的内在感受，这种感受源于个体自身长期形成的道德观和价值观，以及基于此的对外界事物的认知和结果评估(罗宾斯和贾奇,2008),这种评估有可能是认同的,也有可能是反对的。个体的认知和结果评估会影响个体的感受(情绪或感觉),而感受则会影响个体最终的行为。在用户接受行为研究理论中,依据的是"信念—态度—意向—行为"的研究范式,其中态度是影响个体行为意向的重要因素。如源于社会心理学理论的理性行为理论(TRA),将行为态度作为决定个体行为意愿的重要前因变量(Fishbein & Ajzen,1975)。而在计划行为理论(TPB)和技术接受模型(TAM)中态度也是解释和预测用户行为意愿的关键要素。

在E-Learning用户接受行为研究中,也有学者通过分析学习者的行为态度来了解他们是否接受E-Learning,实证分析的结果表明态度对E-Learning用户的接受行为有显著的影响(Raaij & Schepers,2008;Lee,Yoon,et al.,2009;Huang,Lin & Huan,2012)。也即,如果学习者对E-Learning有正面的认知或评估,则会有积极的使用态度,并导致接受或使用行为的产生;而如果学习者对E-Learning有负面的认知或评估,则会有消极的态度,并导致拒绝行为的产生。

2. 沉浸体验

沉浸体验描述的是人们在参与特定活动时,被活动深深吸引,将注意力完全投入其中,甚至忘记了周围的人、事、物的存在,进入到一种忘我的状态。比如玩游戏、看电影或者阅读等活动都有可能让参与者进入到沉浸体验的状态。沉浸体验被认为是最佳的用户体验。在过去的用户行为研究中,很多学者都证明了沉浸体验能提高用户对产品的忠诚度和使用产品的持续性(Theotokis & Doukidis,2009;Tao Zhou et al,2010;Novak & Hoffman,2000)。他们认为沉浸体验的状态可以通过挑战性、技巧、专注、涉入、娱乐性等因素进行衡量。E-Learning是一种为学习者提供内容服务的网络化服务,学习者非常有可能受内容的吸引而沉浸其中,并有更大的学习兴趣。

因此,基于以上理论背景,我们将围绕态度和沉浸体验对E-Learning用户持续使用意愿的影响展开研究,并重点讨论以下几个问题:①态度是否对持续使用意愿产生影响;②态度作为用户接受前的变量,与接受后的感知有用性之间,哪个因素对持续使用意愿更为重要;③作为内在动机的"沉浸体验"对E-Learning用户持续使用意愿有怎样的影响。本章的基础理论是技术接受模型(TAM)、计划行为理论(TPB)和沉浸理论。

二、研究模型

在本书的第二章中我们将信息系统用户持续使用意愿研究总结为三种类型,即基于用户接受理论的研究模型、基于期望确认模型的研究模型和综合各种理论的研究模型。本研究属于第一种类型。我们以技术接受模型(TAM)和计划行为理论(TPB)为基础,并引入持续使用意愿作为因变量构建研究模型,如图 3-1 所示。其中感知有用性和感知易用性来源于 TAM,主观规范和感知行为控制来源于 TPB,态度则是 TAM 和 TPB 的共有变量。

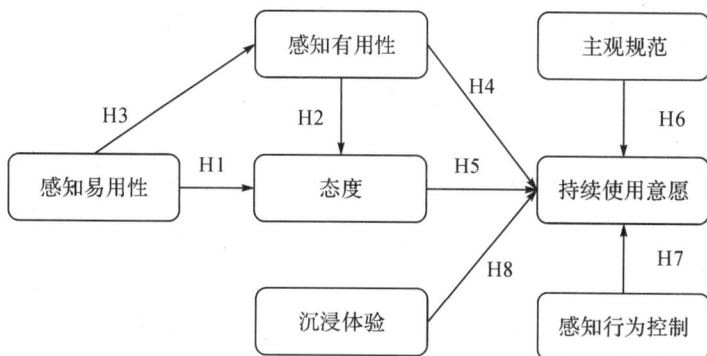

图 3-1　本章研究模型

三、研究假设

1. 技术接受模型(TAM)

Davis(1989)在理性行为理论(Fishbein & Ajzen,1975)基础上提出了用户技术接受模型(TAM)。TAM 假定了两个特定的感知信念,即感知有用性和感知易用性,TAM 认为用户的行为是由这两个基本信念所驱动的。感知有用性被定义为"个体使用信息技术能提高其工作绩效的程度"。如果用户不喜欢这种信息技术,还是可能会因为要提高工作绩效、获得奖励,而去使用这种技术。如在高校中,尽管学生有可能不喜欢使用学校的E-Learning平台,但由于老师的强制要求,或者为了得到学分或更高的学习成绩,学生不得不去使用E-Learning平台,因为这个时候E-Learning对学生来说是有用的。感知易用性是指"个体认为使用某一特定的信息技术需要自身花费的精力的多少"。TAM 认为感知易用性和感知有用性都会影响用户使用信息系统的态度,而与理性行为理论观点一致的是态度将会决定用户的使用意愿,并最终导致实际使用。TAM 被广泛应用于各种信息技术接受的研究中,如电子邮件、互联网、文档处理、ERP 系统等(Davis,1989;Gefen & Straub,1997;Lu,Zhou,et al.,2009)。

在 E-Learning 中,我们可以预测如果用户认为 E-Learning 工具对他们的学习有促进作用,并能让他们更好地与老师、朋友、同事或者其他人在线进行沟通交流,而且如果 E-Learning 系统容易使用,则感知有用性和易用性都会影响用户的态度。所以,提出如下假设:

H1:感知易用性显著正向影响 E-Learning 用户态度。

H2:感知有用性显著正向影响 E-Learning 用户态度。

此外,在技术接受模型(TAM)中,感知有用性会受感知易用性的影响,即一个更容易使用的 E-Learning 系统,能够让用户花费更少的精力完成更多的学习任务,会让用户感觉 E-Learning 系统对他更加有用。而感知有用性对用户的使用意愿有直接影响,这个假设已经在多个领域的研究中被广泛证实(Venkatesh & Davis,2000;Wu & Chen,2005)。而在 Bhattacherjee(2001)的信息系统持续使用理论中,感知有用性是用户持续使用意愿的主要影响因素。也即,如果用户觉得 E-Learning 对他有用,则用户可能会有继续使用的意愿。所以,提出如下假设:

H3:感知易用性显著正向影响 E-Learning 用户感知有用性。

H4:感知有用性显著正向影响 E-Learning 用户持续使用意愿。

2.计划行为理论(TAM)

计划行为理论(TPB)和技术接受模型(TAM)都是由理性行为理论(TRA)发展而来的(Ajzen & Fishbein,1980;Fishbein & Ajzen,1975)。计划行为理论(TPB)认为行为态度和主观规范会影响用户使用意愿,并进而影响用户实际使用。TPB 和 TRA 还有一个共同的因素即感知行为控制,在这两个理论模型中感知行为控制将影响使用意愿和实际使用(Ajzen,1991),现有很多信息技术用户接受研究都证明了行为态度、主观规范、感知行为控制三个因素在解释和预测用户使用意愿方面的有效性(Liao,1999;Venkatesh,2000)。

态度是指"个体对于使用某种信息技术的主观上积极或消极的感受,与行为意愿呈正向相关"(Fishbein & Ajzen，1975)。根据计划行为理论，行为态度将影响用户使用意愿并进而影响实际使用。在E-Learning中，如果用户有积极的态度，则会有更强烈的意愿去接受并使用E-Learning。在一些学者的研究中，他们证明了用户的持续使用意愿与用户接受具有相似的决策机制(Hong，Thong，et al.，2006；Hsu，Yen，et al.，2006)。所以，提出如下假设：

H5：行为态度显著正向影响E-Learning用户持续使用意愿。

主观规范是指"个人的行为受到社会上其他个人或团体影响的程度，反映了个人与他人观点的一致性及对他人信任的程度"(Fishbein & Ajzen，1975)。也就是说用户选择使用某种信息技术是因为受到了朋友、亲戚、同事的影响。在E-Learning中，很多用户使用E-Learning可能受到了身边其他人的影响。在我们针对E-Learning基本使用行为的调查中，有 25.9% 用户是因为同事、朋友、同学的推荐而使用E-Learning。所以，提出如下假设：

H6：主观规范显著正向影响E-Learning用户持续使用意愿。

计划行为理论(TPB)认为个体的行为不仅受行为态度和主观规范的影响，还受感知行为控制因素的影响(Ajzen，1989)。也即个人的行为意愿除了出于自愿的情况之外，还受资源、机会以及开展行为所具备的能力等因素的影响，如果缺乏机会、资源或者行为开展的能力，则行为意愿的动机就会减弱。因此 Ajzen(1989)将感知行为控制定义为"个人完成行为的难度或进行控制的程度"。在E-Learning中，如果用户缺乏使用E-Learning系统的能力或没有合适的学习资源，则用户使用E-Learning的意愿就会减弱。如果用户想使用E-Learning来提高其学习的效率和效果，则需具备基本的技术和能力，以及相应的资源条件。所以，提出如下假设：

H7：感知行为控制显著正向影响E-Learning用户持续使用意愿。

3.沉浸体验

在以往的研究中，沉浸体验被应用于网络游戏、移动阅读、网络社区、学术博客等多个领域的用户持续使用行为的研究。如白羽(2014)在网络游戏用户满意度和持续使用意向的研究中，以期望确认模型和计划行为理论为基础，引入沉浸理论研究了青少年游戏玩家的沉浸体验对他们的满意度和持续使用意愿的影响，结果显示沉浸体验不仅是满意度的重要影响因素，同时对持续使用意愿也有直接影响。此外，在蒋骁(2012)的移动阅读研究中发现，沉浸体验对移动阅读用户持续使用意愿有显著影响。所以，提出如下假设：

H8：沉浸体验显著正向影响E-Learning用户持续使用意愿。

第二节　变量测量与数据收集

一、变量测量

本研究采用问卷调查的方式进行样本数据的采集。为了保证问卷中各研究概念测量的信度与效度，我们通过对前人研究的梳理与总结，在测量项目上基本引用已有文献，并根据E-Learning的特征略做调整。TAM 和 TPB 中的各变量测量分别改编自 Davis(1989) 和 Ajzen(1989) 的量表，并参考了 Ming-Chi Lee(2010) 的研究。持续使用意愿变量测量改编自 Bhattacherjee (2001,2008) 和 Ming-Chi Lee(2010)；沉浸体验的测量改编自 Moon 和 Kim(2001) 的量表。问卷设计采用 Likert7 评分法，从"非常不同意"到"非常同意"。针对感知有用性、感知易用性、感知行为控制、态度、主观规范、持续使用意愿、沉浸体验 7 个变量共设计了 27 个题项，经过访谈、小范围前测，因为问项中所有载荷因子都大于 0.50，所以保留所有 27 个题项。各变量测量问项及来源如表 3-1 所示。

表 3-1　潜变量的测量及来源

潜变量	编号	测量项	来源
感知易用性	PEU1	对我来说熟练使用E-Learning系统是容易的	Davis，1989；Ming-Chi Lee，2010
	PEU2	我与E-Learning系统的互动活动是清晰的、可以理解的	
	PEU3	我发现我可以很容易通过E-Learning系统完成我想要做的事	
	PEU4	我发现使用E-Learning系统对我来说是容易的	
感知有用性	PU1	我认为E-Learning能提高我的学习绩效	Davis，1989；Ming-Chi Lee，2010
	PU2	我认为E-Learning能提高我学习的有效性	
	PU3	我认为E-Learning能提高我的学习效率	
	PU4	我发现E-Learning对我的学习是有用的	

续表

潜变量	编号	测量项	来源
主观规范	SN1	对我有影响的人认为我应该参与E-Learning活动	Ming-Chi Lee,2010; Ajzen,1989
	SN2	对我重要的人认为我应该参与E-Learning活动	
	SN3	组织中的高级管理层支持我参与E-Learning活动	
感知行为控制	PBC1	我已经有资源、知识与能力使用E-Learning系统	Ming-Chi Lee,2010; Ajzen,1989
	PBC2	E-Learning系统与我使用的其他系统是兼容的	
	PBC3	我能很好地使用E-Learning系统控制整个学习过程	
态度	ATT1	使用E-Learning是一个好的主意	Davis,1989; Ming-Chi Lee,2010; Ajzen,1989
	ATT2	我喜欢使用E-Learning	
	ATT3	使用E-Learning是可取的	
沉浸体验(感知享受和专注)	PEN1	使用E-Learning是愉快的	Moon & Kim,2001
	PEN2	我使用E-Learning是开心的	
	PEN3	我发现使用E-Learning是有趣的	
	CON1	E-Learning系统提供了我需要的服务	Moon & Kim,2001
	CON1	在使用E-Learning系统的功能与服务时我感觉很舒服	
	CON1	E-Learning系统提供了完整的信息	
	CON1	E-Learning系统提供的信息是容易理解的	
持续使用意愿	CI1	如果可能,在以后的学习中我想继续使用E-Learning	Bhattacherjee, 2001,2008; Ming-Chi Lee,2010
	CI2	我以后继续使用E-Learning是有可能的	
	CI3	我希望在以后的学习中继续使用E-Learning	

二、数据采集

本研究的数据采集使用问卷调查的方式,调查对象为有E-Learning使用经验的用户。调查问卷通过问卷星调查平台发放,为了提高数据的可靠性,首先了解用户对"E-Learning"一词的了解程度。在问卷星平台上以"下列名词您熟悉的有"为题进行调查,共收回297份有效问卷,其中有259名(87.21%)受访者认为自己对

"网络学习"比较熟悉,有 233 名(78.45%)受访者对"在线学习"比较熟悉,而对 E-Learning 一词熟悉的只有 49 人(16.5%)。因此,在正式问卷调查时,我们对 E-Learning 一词进行了解释,并加入了受访者更为熟悉的"网络学习"、"在线学习"等词汇。调查问卷包括三个部分:学习者基本信息、E-Learning 使用行为、学习者对 E-Learning 使用的感知。数据收集的时间为 14 天,我们共发放了 400 份问卷,实际收回 310 份,有效问卷 294 份,回收有效率 94.8%。表 3-2 是样本描述性统计分析,主要对学习者的性别、年龄、学历、职业、E-Learning 使用经验进行统计,以了解学习者样本的基本情况。

从 E-Learning 用户的性别上看,女性用户占了 53.4%,略多于男性用户;受访者的年龄主要集中在 25~45 岁,占了总样本的 83.34%,这些用户主要以上班族为主;在学历方面,本科生占了 80.27%,硕士以上学历的用户占了 9.52%,大专及以下学历用户占了 10.20%;在职业方面,样本主要以企事业员工为主,共占了 79.59%,另外大学生用户占了 7.82%;在 E-Learning 的使用经验方面,具有半年以上使用经验的用户占了 85.71%。

表 3-2　样本人口统计

统计变量		人数	百分比 (%)	统计变量		人数	百分比 (%)
性别	男	137	46.60	职业	中学生	0	0.0
	女	157	53.40		大学生	23	7.82
年龄	18 岁以下	0	0.0		企业员工	200	68.03
	18~24 岁	38	12.93		事业单位员工	34	11.56
	25~30 岁	130	44.22		教师	23	7.82
	31~45 岁	115	39.12		公务员	10	3.41
	46~55 岁	11	3.73		其他	4	1.36
	55 岁以上	0	0.0	E-Learning 使用经验	1 个月以下	8	2.72
学历	高中及以下	4	1.36		1~6 个月	34	11.56
	大专	26	8.84		6 个月~1 年	123	41.83
	本科	236	80.27		1~2 年	73	24.83
	硕士研究生	25	8.51		2 年以上	56	19.05
	博士研究生	3	1.02				

第三节　数据分析

一、信度分析

信度（Reliability）表现的是测量结果的稳定性（Stability）和一致性（Consistency）的程度（李怀祖，2004）。信度并非全无或全有，而是一个程度的问题。任何一种测量都会存在一定的误差，误差受概率因素或非概率因素的影响（邱皓政，2009）。误差越小，测量信度越高；误差越大，测量的信度就越低。因此信度可以理解为测量结果受测量误差的影响程度。信度的测量通常用两种方法检验：Crobach's Alpha 系数和验证性因子分析（Confirmatory Factor Analysis，CFA），而在 Likert 量表中常用的信度检验方法是 Crobach's Alpha 系数（王重鸣，1990）。本研究的信度测量采用 Crobach's Alpha 系数进行验证。对于被测变量，通常认为 Crobach's Alpha 系数在 0.5 以上即为可接受水平，Cronbach Alpha 系数在 0.6～0.85 就已足够（Widaman，Reise & Pugh，1993）。李怀祖（2004）认为量表的 Crobach's Alpha 系数值高于 0.70 即说明该量表具有相当程度的信度。本研究中，通过在 SPSS 18.0 中以 Reliability 方法进行分析，获得各变量的 Crobach's Alpha 系数，具体如下：感知有用性（0.749）、感知易用性（0.775）、感知行为控制（0.702）、主观规范（0.788）、态度（0.751）、持续使用意愿（0.821）、沉浸体验（0.863）。从结果上看，各变量的 Crobach's Alpha 系数均大于 0.7，说明测量量表具有较高的信度，通过一致性和稳定性的检验，适宜进行进一步的分析。

二、效度分析

效度（Validity）分析就是测量有效性的分析，即测量结果真正反映测量对象的程度。效度可以分为内容效度（Content Validity）、效标关联效度（Criterion-related Validity）和建构效度（Construct Validity），其中建构效度是检验的关键（鲁耀斌等，2008）。学者吴明隆（2010）认为建构效度因为有理论作为基础，并且可以根据实际获得的资料来检验正确性，因此是一种比较严谨可靠的效度检验方法。建构效度是指问卷量表所能测量的理论的概念或特质的程度,包括收敛效度和区分效度。收敛效度反映的是同一潜变量或因子的测度指标之间的相互关联程度,区分效度是指潜变量之间的低相关性和显著差异性的程度。建构效度可以采用因子分析的方法,同时考察变量因子负荷量或共同因子解释变异量(因子负荷量的平方)、KMO(Kaiser-Meyer-Olkin)以及交叉变量的因子载荷等数值来验证建构效度。学者 Tabachnick 与 Fidell(2007)认为当因子负荷量大于 0.71,则能共同解释指标变量的 50% 变异量,则题项的负荷量甚为理想;当因子负荷量大于 0.63,共同解释指标变量的 40% 变异量,则题项的负荷量非常好;当因子负荷量大于 0.55,则能共同解释指标变量的 30% 变异量,则题项的负荷量状况较好,适合做因子分析。在 KMO 取值方面,根据 Kaiser(1974)的建议,如果 KMO 值小于 0.5 则无法接受,不宜进行因子分析,进行因素分析的普通准则是 KMO 值至少要大于 0.6,而当 KMO 大于 0.7 时则具有中等以上的收敛效度。区分效度则可以通过对整体问项的因子分析,采用最大轴旋转和主成分分析方法,观察共同抽取的因子数量,以及各变量的交叉载荷因子。

本研究采用 SPSS18.0 中的因子分析功能来检验量表的建构效度,提取相关参数。表 3-3 是问卷效度检验的数值。从表中可以看出,除了主观规范的 KMO 为 0.699<0.7 之外,其他变量的 KMO 值均大于 0.7;从因子负荷量和解释的变异量上看,所有分问卷题项的因子负荷量均大于 0.71、解释变异量大于 50%,且有很高显著性水平(Sig. =0.000)。通过对整体问项的因子分析,采用最大轴旋转和主成分分析,样本共抽取出 6 个因子,近似卡方值为 2832.775,解释了 58.558% 的方差,整体 KMO 值为 0.936,且有很高的显著性水平(Sig. =0.000),说明问卷各变量都有良好的收敛效度和区分效度。

表 3-3　因子分析结果

	1	2	3	4	5	6	7
PEU1	**0.791**	0.244	0.342	0.122	0.310	0.169	0.067
PEU2	**0.719**	0.351	0.276	0.349	0.214	0.214	0.312
PEU3	**0.760**	0.124	0.235	0.131	0.341	0.245	−0.019

续表

	1	2	3	4	5	6	7
PEU4	**0.819**	0.356	0.213	0.451	0.435	0.246	−0.125
PU1	0.234	**0.703**	0.178	0.435	0.457	0.234	0.176
PU2	0.277	**0.750**	0.391	0.110	0.318	0.352	0.266
PU3	0.281	**0.853**	0.218	0.246	0.312	0.451	0.169
PU3	0.200	**0.772**	0.445	0.131	0.456	0.167	0.264
SN1	0.265	0.145	**0.828**	0.348	0.210	0.189	0.380
SN2	0.251	0341	**0.864**	0.228	0.451	0.478	0.056
SN3	0.288	0.311	**0.823**	0.264	0.319	0173	0.056
PBC1	0.413	0.237	0.101	**0.811**	0.155	0.370	0.228
PBC2	0.289	0.438	0.451	**0.833**	0.321	0.232	0.211
PBC3	0.110	0.231	0.271	**0.727**	0.145	0.419	−0.006
ATT1	0.351	0.324	0.379	0.276	**0.848**	0.106	0.440
ATT2	0.018	0.341	0.318	0.325	**0.831**	0.321	0.173
ATT3	0.348	0.211	0.485	0.410	**0.770**	0.531	0.271
CI1	0.317	0.207	0.254	0.311	0.110	**0.860**	0.292
CI2	0.418	0.435	0.346	0.245	0.334	**0.850**	0.187
CI3	0.215	0.345	0.342	0.235	0.123	**0.865**	0.089
FLOW1	0.049	0.225	0.423	0.145	0.110	0.027	**0.697**
FLOW2	0.372	0.093	0.096	0.087	0.194	0.166	**0.740**
FLOW3	0.291	0.214	0.009	0.237	0.191	0.089	**0.702**
FLOW4	0.175	0.294	0.147	0.103	0.187	0.160	**0.702**
FLOW5	0.180	0.089	0.155	0.127	0.227	0.424	**0.579**
FLOW6	0.110	0.094	0.199	0.276	0.297	0.208	**0.685**

续表

	1	2	3	4	5	6	7
FLOW7	0.080	0.126	0.368	0.374	0.157	0.195	**0.729**
KMO	0.742	0.796	0.699	0.757	0.776	0.719	0.896
单因子累积方差解释量(%)	59.793	59.449	70.342	62.673	66.693	73.690	54.938
显著性水平	0.000	0.000	0.000	0.000	0.000	0.000	0.000

三、路径分析

Mackinnon(2008)认为路径分析是指由外因变量(Exogenous Variable)、内因变量(Endogenous Variable)或因变量之间所组合形成的复杂的路径模型,内因变量在模型中起到的是中介效果,而路径分析的关键是中介变量以及中介变量之间的复杂关系。路径分析有回归取向(Regression Approach)和结构方程模型(Structural Equation Modeling,SEM)取向两种分析方法(邱皓政,2013)。回归取向的路径分析是指由一系列的回归分析所组成,通过假设模型的框架,将不同的回归模型进行组合,形成结构化的总模型,通常可以使用SPSS或SAS等统计分析软件进行多次回归即可完成。SEM取向的路径分析是指以LISREL、AMOS、SMARTPLS等软件为基础,利用变量之间的共变情形,同时估计模型中的所有参数,把潜变量(Latent Variable)分析中的因素分析技术融合到路径模型中,来验证假设模型与观察数据之间的适切性。在本研究中,采用回归取向的方法进行路径分析。

1.回归模型的共线性诊断

根据本研究所提出的假设模型,分别以感知有用性、态度、持续使用意愿三个变量作为因变量进行回归分析,形成三个回归模型:感知有用性(自变量:感知易用性)、态度(自变量:感知易用性、感知有用性)、持续使用意愿(自变量:感知有用性、主观规范、感知行为控制、行为态度、沉浸体验)。

回归分析首先需要对变量间的关系进行共线性诊断。如果自变量间存在多元共线性问题,则会造成进入回归模型的自变量的回归系数无法解释的矛盾现象(吴明隆,2010)。共性线诊断可以通过线性回归中的容差

(Tolerance)、方差膨胀系数(VIF)、条件索引(CI)、特征值以及方差比例等
参数进行判断(吴明隆,2010)。判断的标准是:①容忍度取值范围为0~1,
容忍度越接近于0,共线性越严重,容忍度越接近于1,则不存在共线性问题;
②VIF值大于10时,表示自变量间有共线性问题,VIF值越小,则自变量间共
线性问题越不明显;③CI越大,则越有共线性问题,当CI大于15时则很可能
有共线性问题,大于30时,则有严重的共线性问题;④特征值若小于0.01,则
自变量间可能有共线性问题,特征值若大于0.01,则不存在共线性问题;⑤方
差比例诊断共线性的规则是当任何两个或多个回归系数方差在同一个CI值
上的方差比例均很高(大于50%)且接近1时,表示可能存在共线性组合。

　　表3-4是感知有用性、态度、持续使用意愿三个因变量回归分析的共线性
数据。数据表明,三个回归模型的各变量的容差值都处于0.4~0.7,不接近
于0;方差膨胀系数值在1.5~3,均小于10;索引条件值在0.3~0.5,小于15;
特征值在1~3,大于0.01;方差比例值在同一个CI值上没有两个或多个同时
大于0.5的情况,这说明变量之间没有共线性问题。

表3-4　共线性诊断

模型	维数	特征值	条件索引	容差	方差膨胀系数	方差比例				
						PEU	PU	SN	PBC	ATT
PU	1	1.000	1.000	1.000	1.000	1.00				
ATT	1	1.267	1.000	0.633	1.581	0.00	0.00			
	2	2.020	0.394	0.633	1.581	0.80	0.07			
CI	1	1.692	1.000	0.441	2.268		0.00	0.00	0.00	0.00
	2	2.528	0.448	0.497	2.012		0.03	0.31	0.56	0.02
	3	2.820	0.360	0.510	1.961		0.19	0.01	0.19	0.81
	4	2.945	0.330	0.465	2.150		0.74	0.44	0.21	0.02

　　2.模型验证

　　回归分析同时可以获得各模型的非标准回归系数、标准回归系数、显著
性,以及各变量能解释的因变量方差变异数(R^2),如表3-5所示。

表 3-5   回归系数及显著性

模型	自变量	R^2	调整 R^2	非标准化系数		标准系数	t	Sig.
				p	标准误差			
PU	PEU	0.367	0.365	0.606	0.047	0.606	13.025	0.000
ATT	PEU	0.574	0.571	0.508	0.048	0.508	10.555	0.000
	PU			0.333	0.048	0.333	6.931	0.000
CI	FLOW	0.603	0.597	0.260	0.063	0.260	4.136	0.000
	ATT			0.274	0.061	0.274	4.472	0.000
	PU			0.208	0.065	0.208	3.182	0.002
	PBC			0.132	0.057	0.132	2.333	0.020
	SN			0.086		0.086	1.672	0.096

将各模型的标准化回归系数作为假设模型的路径系数,可以得到如图 3-2 的模型验证结果图。从模型验证可以看出,感知易用性显著正向影响感知有用性($p = 0.606$,$t = 13.025$,Sig.$= 0.000$),并解释了 36.5% 的感知有用性的变异,因此假设 H3 得到了支持,也即感知易用性显著正向影响 E-Learning 用户感知有用性。感知有用性显著正向影响行为态度($p = 0.333$,$t = 6.931$,Sig.$= 0.000$)、感知易用性显著正向影响行为态度($p = 0.508$,$t = 10.555$,Sig.$= 0.000$),并共同解释了 57.1% 的行为态度的变异量。因此,H1、H2 得到了支持,也即感知易用性显著正向影响 E-Learning 用户态度,感知有用性显著正向影响 E-Learning 用户态度。在持续使用意愿的影响因素方面,沉浸体验($p = 0.260$,$t = 4.136$,Sig.$= 0.000$)、感知有用性($p = 0.208$,$t = 3.182$,Sig.$= 0.002$)、行为态度($p = 0.274$,$t = 4.472$,Sig.$= 0.000$)、感知行为控制($p = 0.132$,$t = 2.333$,Sig.$= 0.020$)都对持续使用意愿有显著正向影响,并共同解释了 59.7% 的持续使用意愿变异。因此,假设 H4、H5、H7、H8 都得到了支持,也即沉浸体验、感知有用性、行为态度、感知行为控制都显著正向影响 E-Learning 用户持续使用意愿。而主观规范($p = 0.086$,$t = 1.672$,Sig.$= 0.096$)对持续使用意愿的影响不显著,因此,假设 H6 没有得到支持。各假设的总结如表 3-6 所示。

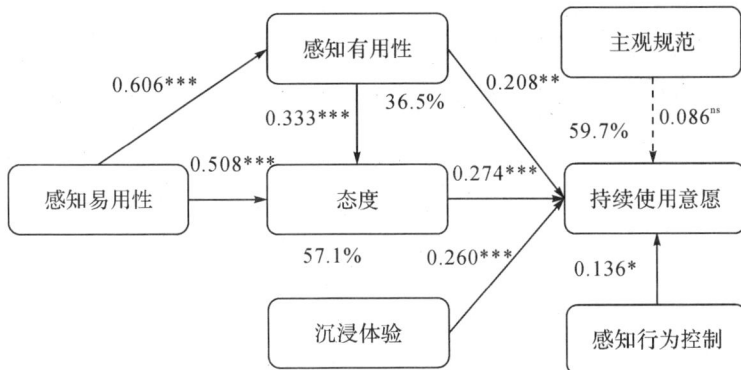

注：* :Sig. < 0.05；** :Sig. < 0.01；*** :Sig. < 0.001，ns：no sig

图 3-2　模型验证结果

表 3-6　模型验证

假设	因果路径	路径系数	显著性	t 值	检验结果
H1	PEU→ATT	0.508	0.000	10.555	支持
H2	PU→ATT	0.333	0.000	6.931	支持
H3	PEU→PU	0.606	0.000	13.025	支持
H4	PU→CI	0.208	0.002	3.182	支持
H5	ATT→CI	0.274	0.000	4.472	支持
H6	SN→CI	0.086	0.096	1.672	不支持
H7	PBC→CI	0.132	0.020	2.333	支持
H8	FLOW→CI	0.260	0.000	4.136	支持

3.效果分析

根据图 3-2 的路径系数，计算外因变量和内因变量对持续使用意愿的直接和间接效果。

感知易用性对持续使用意愿的影响主要体现在间接影响，分别通过感知有用性和态度对持续使用意愿产生影响，其间接影响效果值为：0.508×0.274 +0.606×0.208＝0.139＋0.126＝0.265。感知有用性对持续使用意愿的直接效果：0.208，间接效果：0.333×0.274＝0.091，总效果值＝0.208＋0.091＝0.299。沉浸体验、行为态度、感知行为控制对持续使用意愿的直接效果值分别为 0.260、0.274、0.136。

从以上计算结果可知,感知有用性对持续使用意愿的影响最大(0.299),其次是行为态度(0.274)、感知易用性(0.265)、沉浸体验(0.260)、感知行为控制(0.136),而主观规范对持续使用意愿没有直接影响。

第四节　本章总结与讨论

本章基于 TAM、TPB、沉浸理论构建了 E-Learning 用户持续使用意愿的研究模型,并提出了八个假设,通过问卷设计、问卷调查及最终的模型验证,假设 H1～H5 和 H7、H8 都得到了支持,而 H6 没有得到支持。六个外因变量和内因变量共同解释了 59.7% 的持续使用意愿的方差变异。下面就研究结果进行总结与讨论。

1. 感知有用性和沉浸体验对持续使用意愿的影响

路径分析的结果发现沉浸体验(0.260)对 E-Learning 用户持续使用意愿的直接影响要大于感知有用性(0.208)。在本研究中,沉浸体验是指用户的一种体验状态。E-Learning 用户在学习中因个人的兴趣或受课程内容的吸引而沉浸其中,这种状态会提高用户持续学习的意愿。沉浸体验反映的是用户的内在动机,而感知有用性是一种外在动机,研究结果可以说明内在动机对个体行为的持续性作用要大于外在动机。但如果要考虑模型的整体性,综合直接影响与间接影响的总效果,感知有用性对 E-Learning 用户持续使用意愿的影响要大于沉浸体验。而沉浸体验是否会通过其他因素对持续使用意愿产生影响,则是下一步的研究方向。

Davis(1989)将感知有用性定义为"个体使用信息技术能提高其工作绩效的程度"。在本研究中,感知有用性是指 E-Learning 对用户的学习绩效、学习效率与效果等方面的促进作用。路径分析的结果显示,感知有用性对用户持续使用意愿有显著正向影响,说明用户对 E-Learning 有用性的感知,会提高他们持续使用的意愿。此外,从影响的总效果值上看,感知有用性(0.299)要大于沉浸体验、感知易用性、行为态度等因素的影响。感知有用性作为使用后感知信念,来源于用户使用 E-Learning 后的直接经验,这种经验是实际的、真实的。而态度的形成则不是源于直接经验,是非实际、非真实的。相比较而言,通过感知有用性对 E-Learning 持续使用的预测更为可靠有效。此外,感知有用性受感知易用性的影响。而在实际中，感知有用性除了受感知易用性的影响之外，有可能还受E-Learning内容的丰富性和质量以及所提供的互动性等服务的影响。更进一步探索感知有用性的前因变量，有助于提高感知有用性的解释力和持续使用意愿的解释力。

2. 行为态度对持续使用意愿的影响

考虑从各因素对E-Learning持续使用意愿的影响的总效果，行为态度（0.274）仅次于感知有用性排在第二，而在直接影响上效果值最大。这说明积极的态度能提高E-Learning用户持续使用意愿。因此，如何使用户产生积极的态度，对提高他们的持续使用意愿有重要的意义。在本研究中主要考虑了感知易用性和感知有用性对态度的影响。研究结果显示，感知易用性（$0.508+0.606×0.333=0.710$）和感知有用性（$p=0.333$，$t=6.931$，Sig.$=0.000$）都对态度产生影响。但是感知有用性和感知易用性都是使用后的感知变量，而态度则是使用前的变量。因此，感知易用性和感知有用性对态度的影响是一种事后影响，这种效果可能发生在下一个循环中，如持续使用。因此，在用户使用E-Learning的过程中采取提高其易用性的相关措施，如设置良好的导航和使用帮助功能、提供操作相关培训等服务，并提供优质的内容，有利于提高用户对易用性和有用性的感知，进而形成积极的态度。

3. 感知易用性对持续使用意愿的影响

对E-Learning用户持续使用意愿影响强度排第二的是感知易用性（0.265）。感知易用性反映的是用户在使用了E-Learning系统后，对系统使用的容易性的感知。在本研究中感知易用性对持续使用意愿具有间接影响，即通过感知有用性和行为态度的中介作用对持续使用产生影响。为了进一步了解感知易用性对持续使用意愿是否有直接影响，将感知易用性加入到持续使用意愿的回归模型中，结果显示感知易用性对持续使用意愿具有显著正向影响（$p=0.142$，$t=2.383$，Sig.$=0.018$）。

4. 感知行为控制和主观规范对持续使用意愿的影响

研究发现，感知行为控制对E-Learning用户持续使用意愿有显著影响。感知行为控制所代表的是用户过去使用类似于E-Learning的系统的经验，结果表明这种经历对他们后续行为是有影响的。用户获得这种经验可以有多种方法，如通过培训，或者操作相同的系统，用户经验积累有助于提高他们的持续使用意愿。

　　路径分析的结果显示，在本研究的模型中，主观规范（$p = 0.086$，$t = 1.672$，Sig. $= 0.096$）对用户持续使用E-Learning的意愿没有显著影响，这个结果和以往的研究出现了差别。在计划行为理论（TPB）中，主观规范是指个体从事某项活动时，受他人影响的程度，反映了个体对他人的信任及与他人决策的一致程度（Fishbein & Ajzen，1975）。也就是说，在E-Learning持续使用中，身边的老师、同学、同事或领导对个体没有影响。多元回归进一步的分析发现，主观规范对持续使用意愿影响的不显著是因为沉浸体验的影响，从E-Learning用户的角度看，个人的兴趣对其学习行为的影响要大于他人的影响，这个解释非常容易理解，也是合理的。

第四章

基于 UTAUT 的E-Learning 用户持续使用意愿研究

　　在上一章的研究中，基于 TAM 和 TPB 理论提出了E-Learning用户持续使用意愿研究的假设模型，并通过实证研究的方法重点分析了行为态度及其前因变量，如感知有用性、感知易用性等因素对E-Learning用户持续使用意愿的影响。研究结果表明，用户的行为态度、感知有用性、感知易用性等变量对E-Learning持续使用意愿有显著影响，并共同解释了59.7％的持续使用意愿的变异量。这说明用于信息系统用户初始接受行为研究的 TAM 和 TPB 模型在E-Learning持续使用意愿方面也具有一定的解释力。

　　Venkatesh，Morris 和 Davis 等（2003）等学者在用户接受行为研究中作了更进一步的探索，他们整合了 TAM、TPB、社会认知理论等八大理论模型，提出了技术接受和使用统一理论模型（UTAUT），并通过实证研究证明了UTAUT 模型比 TAM、TPB 等单个理论具有更高的解释力。技术接受和使用统一理论模型（UTAUT）秉承了班杜拉（2003）社会认知理论的三元交互决定论的思想，通过行为、个体特征和环境三者之间的相互影响和相互作用来分析个体的行为。在 E-Learning 中，同样也存在类似于班杜拉行为模型的E-Learning行为系统，也即个体特征、学习环境、学习行为三者相互作用、相互影响决定了学习者的行为。其中的学习环境可以认为是由E-Learning平台、教师、同学等构成的虚拟学习环境，个体则是特定的学习者或E-Learning用户,学习者或用户的性别、年龄、学习风格、学习期望等都可以是其个体特征。而在E-Learning用户持续使用行为中,我们也可做出这样的预测:E-Learning学习环境、学习者个体特征、学习者行为的相互作用将影响他们对E-Learning的持续使用意愿。基于这个假设,在本章中,我们将 UTAUT 模型应用于E-Learning用户持续使用意愿的研究,进一步讨论环境、个体特征、行为的相互影响及对用户持续使用意愿的影响。

第一节　研究模型和研究假设

一、研究模型

技术接受和使用统一理论模型（UTAUT）是用于个体接受新型信息技术的模型,具有精简且稳健的特征。技术接受和使用统一理论模型（UTAUT）由四个自变量（绩效期望、努力期望、社会影响、促进因素）和四个调节变量（性别、年龄、经验和使用自愿性）组成。该模型假定,绩效期望、努力期望和社会影响是使用意向的直接决定因素,而促进因素和使用意愿是使用行为的直接决定因素。此外,性别、年龄、经验、使用自愿性等变量在绩效期望、努力期望、社会影响、促进因素和使用意愿及使用行为之间起到调节作用。虽然最初该模型关注的是用户在工作场所接受和使用信息技术,但在之后的研究中,该模型亦用于理解对移动服务和网络应用程序的接受和使用（C. Carlsson,2006；周涛,鲁耀斌,2009；程晓璐,2010；刘泓里,2014）。在E-Learning用户使用意愿方面,技术接受和使用统一理论模型（UTAUT）也有相关的研究（S. Vonderwell,2003；朱卫华,2009；谢爱珍,2013）。在本研究中,我们以技术接受和使用统一理论模型（UTAUT）为基础,选择绩效期望、努力期望、社会影响、促进因素四个变量作为持续使用意愿的前因变量,并以性别、年龄、学历、职业作为调节变量,构建E-Learning用户持续使用决策方面的研究模型,如图 4-1 所示。此外,模型还引入计算机自我效能作为努力期望和持续使用意愿的前因变量,分析自我效能感对E-Learning用户持续使用意愿的影响。

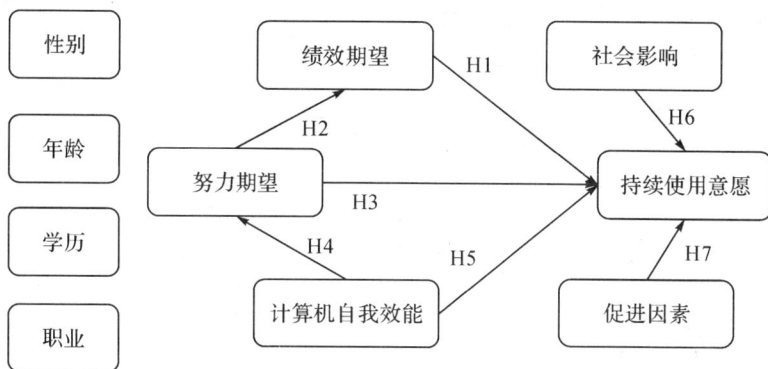

图 4-1 本章研究模型

二、研究假设

技术接受模型假定,在决定用户接受和使用 IT 技术方面,感知有用性和感知易用性都有显著的影响作用。Venkatesh 和 Davis(2003)对此模型进行扩展,借助社会影响过程和认知工具过程,引入绩效期望、努力期望、社会影响等因素诠释感知有用性和使用意愿。

1. 绩效期望

在 UTAUT 模型中,绩效期望是指用户认为信息技术能帮助其提高工作绩效的程度,是由感知有用性、相对优势、外在动机、结果期望等因素综合提出。在本研究中,绩效期望是指学习者(用户)认为E-Learning能帮助其提高学习绩效的程度,类似于 TAM 模型中的感知有用性。Venkatesh 等(2003)发现,绩效期望是一个强有力的预测指标,可以预测一个人在工作场所使用新技术的意愿。董婷(2013)将 UTAUT 模型应用于移动支付用户持续使用意愿的研究,并证明了用户绩效期望的水平会影响他们的持续使用意愿。在E-Learning方面,Chao-Min Chiu (2008)通过整合 UTAUT 模型和成就价值理论,证明了绩效期望与持续使用意愿之间的积极关系。所以,提出如下假设:

H1:绩效期望对E-Learning用户持续使用意愿有显著正向影响。

2. 努力期望

努力期望是指学习者在何种程度上认为可以轻而易举地使用一个系统,

是由感知易用性、复杂性、容易使用性等变量综合提出。努力期望与技术接受模型里的感知易用性有关,它认为一个被认为更容易使用的系统更有可能引导感知有用性和行为意愿。在某种程度上,更高的努力期望能促进工作绩效的提升,努力期望应该直接影响绩效期望和持续使用意愿。许玲和郑勤华(2013)在大学生移动学习用户使用意愿的研究中指出,感知易用性、感知有用性与行为意愿之间呈正相关。所以,提出如下假设:

H2:努力期望对E-Learning用户的绩效期望有显著正向影响。

H3:努力期望对E-Learning用户持续使用意愿有显著正向影响。

3.计算机自我效能

计算机自我效能源于自我效能感理论(班杜拉,2003)。班杜拉(2001)认为自我效能感是指个体对自己能否完成某一特定活动的信念、能力的判断或把握与感受。而计算机自我效能是指一个人对使用信息系统来完成重要任务的能力的自我评估。Bhattacherjee(2008)在信息系统持续使用意愿的研究中证明了计算机自我效能与持续使用意愿呈正相关。也即如果个体认为自己具有较高的计算机自我效能,则会有更高的信息系统持续使用意愿;而相反,则会有低的信息系统持续使用意愿。在E-Learning方面,我们可以预测用户如果觉得自己利用E-Learning来完成学习的能力不够,则对他持续使用E-Learning的意愿会有负面的影响。Chao-Min Chiu(2008)的研究发现,在网络和E-Learning情境中计算机自我效能感对感知易用性产生了积极的影响。Chao-Min Chiu还发现,计算机自我效能对使用E-Learning的使用意愿有直接积极的影响。所以,提出如下假设:

H4:计算机自我效能对E-Learning用户的努力期望有显著正向影响。

H5:计算机自我效能对E-Learning用户持续使用意愿有显著正向影响。

4.社会影响

社会影响是指他人对于个体使用信息技术的意见的重要程度,如同学、老师、朋友、同事、领导等对其有影响的人物。如在高等学校中,教师如果感觉身边的其他老师在使用网络学习进行教学,并有不错的教学效果,则该老师也有可能会尝试使用网络教学平台。与此类似,大学生如果感知身边的同学正在通过在线学习系统进行选课学习,并感觉到这种方式灵活性与自主性强,则他们有可能会尝试使用在线学习。社会影响的概念类似于计划行为理论(TPB)的主观规范。主观规范认为,一个行为所带来的社会影响越是受人欢迎,则个人执行该行为的意愿就越强烈。根据创新扩散理论,用户倾向于加强与别人的沟通,以诠释他们为何采用信息技术。如此加强了互动,进而影响采纳的决定。研究表明,主观规范是预测个体使用信息系统意愿的显著指标。所以,提出如下假设:

H6:社会影响对 E-Learning 用户持续使用意愿有显著正向影响。

5.促进因素

促进因素是指个人认为支持自身活动的因素和资源对其使用信息技术的有利程度,如组织中现有信息技术或个体以前使用信息技术的经历对其使用新的信息技术的影响。促进因素类似于计划行为理论中的感知行为控制。在 E-Learning 中,学习者要了解并熟练使用 E-Learning 系统,需要具备一定的技能,如注册、下载、制订学习计划、交流互动等。此外,在学习过程中遇到问题,如果能得到一定的帮助(朋友、资料等)的话也能提高用户使用 E-Learning 的意愿。Triandis(1980)表示,如果个体目标受促进因素的阻碍,行为意愿发生的可能性就会降低。因此,提出了以下假设:

H7:促进因素对 E-Learning 持续使用意愿有显著正向影响。

第二节　变量测量与数据收集

一、变量测量

本研究采用问卷调查的方式进行实证研究。变量测量的量表在参考前人研究的基础上,结合 E-Learning 的特征进行调整。本研究的变量主要来自 UTAUT 模型、计算机自我效能感理论、信息系统持续使用理论。其中 UTAUT 模型各变量测量改编自 Venkatesh,Morris 和 Davis 等(2003)的量表,并参考了 Chao-Min Chiu(2008)在 E-Learning 方面的研究。持续使用意愿变量测量改编自 Bhattacherjee (2001,2008)和 Chao-Min Chiu(2008);计算机自我效能感参考了 Compeau 和 Higgins(1995)的量表。问卷设计采用 Likert7 评分法,从“非常不同意”到“非常同意”。针对努力期望、绩效期望、计算机自我效能、社会影响、促进因素、持续使用意愿 6 个变量共设计了 20 个题项,经过访谈、小范围前测,因为问项中所有载荷因子都大于 0.50,所以保留所有 20 个题项。各变量测量问项及来源如表 4-1 所示。

表 4-1 潜变量的测量及来源

潜变量	编号	测量项	来源
努力期望	EE1	对我来说熟练使用E-Learning系统是容易的	Venkatesh, Morris, Davis, et al.，2003；Chao-Min Chiu,2008
	EE2	我与E-Learning系统的互动活动是清晰的、可以理解的	
	EE3	我发现我可以很容易通过E-Learning系统完成我想要做的事	
	EE4	我发现使用E-Learning系统对我来说是容易的	
绩效期望	PE1	使用E-Learning能提高我的学习绩效	Venkatesh, Morris, Davis, et al.，2003；Chao-Min Chiu,2008
	PE2	使用E-Learning能提高我的学习有效性	
	PE3	使用E-Learning能提高我的学习效率	
	PE4	我发现E-Learning对我的学习是有用的	
计算机自我效能	SSE1	即使我以前从没有使用过类似系统，我也能使用E-Learning系统完成我的学习活动	Compeau and Higgins,1995
	SSE2	如果在使用E-Learning系统之前我看过其他人操作，我就能使用E-Learning系统完成我的学习活动	
	SSE3	如果我能使用E-Learning系中内置的帮助功能，我就能使用E-Learning系统完成我的学习活动	
社会影响	SI1	对我有影响的人认为我应该参与E-Learning活动	Chao-Min Chiu, 2008；Ajzen,1989
	SI2	对我重要的人认为我应该参与E-Learning活动	
	SI3	组织中的高级管理层支持我参与E-Learning活动	
促进因素	FC1	我已经有资源、知识与能力使用E-Learning系统	Chao-Min Chiu, 2008；Ajzen,1989
	FC2	E-Learning系统与我使用的其他系统是兼容的	
	FC3	我能很好地使用E-Learning系统控制整个学习过程	
持续使用意愿	CI1	如果可能,在以后的学习中我想继续使用E-Learning	Bhattacherjee, 2001,2008；Chao-Min Chiu,2008
	CI2	我以后继续使用E-Learning是有可能的	
	CI3	我希望在以后的学习中继续使用E-Learning	

二、数据采集

本研究的数据采集使用问卷调查的方式,调查对象为有 E-Learning 使用经验的用户。调查问卷通过问卷星调查平台发放。调查问卷包括三个部分:学习者基本信息、E-Learning 使用行为、学习者对 E-Learning 使用的感知。数据收集的时间为 14 天,我们共发放了 400 份问卷,实际收回 310 份,有效问卷294 份,回收有效率为 94.8%。由于本研究所用数据来源和第三章相同,因此样本数据的基本情况可以参考第三章表 3-2,在此不再赘述。

第三节 数据分析

一、信度分析

信度指的是变量测量的可靠性,体现的是测量结果的一致性和稳定性程度(李怀祖,2004)。变量测量的信度通常可以采用 Crobach's Alpha 系数进行验证(王重鸣,1990)。其判断的依据是:Crobach's Alpha 系数在 0.5 以上即为可接受水平,Cronbach Alpha 系数在 0.6~0.85 就已足够。李怀祖(2004)认为量表的 Crobach's Alpha 系数值高于 0.70 即说明该量表具有相当程度的信度。在本研究中,我们以 0.7 作为测量信度的评判依据。在SPSS 18.0 中通过可靠性分析,得到各变量的 Crobach's Alpha 系数分别为努力期望(0.775)、绩效期望(0.813)、计算机自我效能(0.704)、社会影响(0.789)、促进因素(0.700)、持续使用意愿(0.821),Crobach's Alpha 系数均大于 0.7,信度通过一致性检验。

二、效度分析

效度分析主要测量问卷的建构效度。建构效度是指测量工具所能测量的理论概念或特质的程度。建构效度可以采用因子分析的方法,以因子负荷量、累积方差解释量(因子负荷量的平方)和 KMO 等数值作为建构效度的评判依据。根据学者 Tabachnick 与 Fidell(2007)的建议,选择因子负荷量大于 0.55、累积方差解释量大于 30% 作为参考依据。在 KMO 取值方面,根据 Kaiser(1974)的建议,选择 0.7 的 KMO 评价依据。本研究采用 SPSS18.0 中的因子分析功能来检验量表的建构效度,提取相关参数。表 4-2 是问卷效度检验的数值。在 KMO 值方面,社会影响的 KMO 值为 0.689 < 0.7,但各问项的因子负荷量均大于 0.7,解释的方差变异量大于 50%,从整体上来看适合做因子分析。其他变量的 KMO 值均大于 0.7,且问卷题项的因子负荷量大于 0.71、解释变异量大于 50%,且有很高显著性水平(Sig. = 0.000),因此适合做因子分析。通过对整体问项的因子分析,采用最大轴旋转和主成分分析,样本共抽取出 6 个因子,近似卡方值为 2991.943,解释了 57.289% 的方差,整体 KMO 值为 0.938,且有很高的显著性水平(Sig. = 0.000),说明问卷各变量都有良好的建构效度。

表 4-2　因子分析结果

	1	2	3	4	5	6
EE1	**0.791**	0.244	0.342	0.122	0.310	0.169
EE 2	**0.719**	0.351	0.276	0.349	0.214	0.214
EE 3	**0.760**	0.124	0.235	0.131	0.341	0.245
EE4	**0.819**	0.356	0.213	0.451	0.435	0.246
PE1	0.234	**0.810**	0.178	0.435	0.457	0.234
PE2	0.277	**0.825**	0.391	0.110	0.318	0.352
PE3	0.281	**0.794**	0.218	0.246	0.312	0.451
PE4	0.200	**0.772**	0.445	0.131	0.456	0.167
SSE1	0.265	0.145	**0.743**	0.348	0.210	0.189
SSE2	0.251	0.341	**0.841**	0.228	0.451	0.478
SSE3	0.288	0.311	**0.793**	0.264	0.319	0.173

续表

	1	2	3	4	5	6
SI1	0.413	0.237	0.101	**0.828**	0.155	0.370
SI2	0.289	0.438	0.451	**0.864**	0.321	0.232
SI3	0.110	0.231	0.271	**0.823**	0.145	0.419
FC1	0.351	0.324	0.379	0.276	**0.811**	0.106
FC2	0.018	0.341	0.318	0.325	**0.833**	0.321
FC3	0.348	0.211	0.485	0.410	**0.727**	0.531
CI1	0.317	0.207	0.254	0.311	0.110	**0.860**
CI2	0.418	0.435	0.346	0.245	0.334	**0.850**
CI3	0.215	0.345	0.342	0.235	0.123	**0.865**
KMO	0.742	0.780	0.751	0.689	0.771	0.719
累积方差解释量(%)	59.793	64.110	62.991	63.342	62.671	73.690
显著性水平	0.000	0.000	0.000	0.000	0.000	0.000

三、路径分析

路径分析通过外因变量与内因变量之间的路径模型来解释变量之间的复杂关系(Mackinnon,2008)。本研究的路径分析采用回归取向的方法,使用 SPSS 软件通过多个回归模型的组合形成结构化的路径模型(邱皓政,2013)。路径分析分为以下几个步骤:①针对多元回归分析中的多个变量进行共线性诊断;②由回归模型中的标准化系数绘制路径图,并进行模型各假设的验证;③直接效果、间接效果和总效果的计算与分析。

1.回归模型的共线性诊断

根据本研究所提出的假设模型,分别以努力期望、绩效期望、持续使用意愿三个变量作为因变量进行回归分析,形成三个回归模型:努力期望(自变量:计算机自我效能)、绩效期望(自变量:努力期望)、持续使用意愿(自变量:努力期望、计算机自我效能、绩效期望、社会影响、促进因素)。由于努力期望和绩效期望两个模型属于一元回归,所以无须进行共线性诊断。共线性诊断可以通过线性回归中的容差(Tolerance)、方差膨胀系数(VIF)、条件索引(CI)、特征值以及方差比例等参数进行判断(吴明隆,2010)。

表4-3是以持续使用意愿作为因变量进行回归分析的共线性数据。数据表明,回归模型的各变量的容差值都处于0.29~0.584,都大于0;方差膨胀系数值在1.7~3.444,均小于10;索引条件值在1.8~4.066,小于15;特征值在0.215~1,大于0.01;方差比例值在同一个CI值上没有两个或多个同时大于0.5的情况,这说明变量之间没有共线性问题。

表 4-3　共线性诊断

模型	维数	特征值	条件索引	容差	方差膨胀系数	方差比例				
						PE	EE	CSE	SI	FC
CI	1	1.000	1.884	0.434	2.303	0.00	0.00	0.00	0.00	0.00
	2	0.561	2.516	0.290	3.444	0.04	0.03	0.15	0.65	0.02
	3	0.391	3.012	0.389	2.572	0.62	0.00	0.20	0.32	0.02
	4	0.284	3.538	0.584	1.713	0.23	0.02	0.19	0.00	0.88
	5	0.215	4.066	0.361	2.772	0.09	0.82	0.44	0.00	0.05

2.模型验证

回归分析同时可以获得各模型的非标准回归系数、标准回归系数、显著性,以及各变量能解释的因变量方差变异数(R^2),如表4-4所示。

表 4-4　回归系数及显著性

模型	自变量	R^2	调整 R^2	非标准化系数		标准系数	t	Sig.
				p	标准误差			
PE	EE	0.469	0.468	0.685	0.043	0.685	16.075	0.000
EE	CSE	0.577	0.575	0.759	0.038	0.759	19.948	0.000
CI	PE	0.576	0.571	0.359	0.058	0.359	6.172	0.000
	EE			0.213	0.063	0.213	3.384	0.001
	CSE			0.083	0.061	0.083	1.360	0.175
	SI			0.169	0.050	0.169	3.380	0.001
	FC			0.138	0.062	0.138	2.241	0.026
	性别			0.083	0.079	0.042	1.057	0.292
	年龄			−0.069	0.052	−0.051	−1.313	0.190
	学历			0.002	0.075	0.001	0.032	0.975
	职业			0.027	0.041	0.026	0.651	0.516

　　将各模型的标准化回归系数作为假设模型的路径系数,可以绘制如图 4-2 的路径模型图。从路径图可以看出,计算机自我效能显著影响努力期望($p=0.759$, $t=19.948$, Sig. $=0.000$),并解释了 57.5% 的努力期望的变异,因此假设 H4 得到了支持,也即计算机自我效能显著正向影响 E-Learning 用户努力期望。努力期望显著正向影响绩效期望($p=0.685$, $t=16.075$, Sig. $=0.000$),并解释了 46.8% 的绩效期望的变异,因此 H2 得到了支持,也即努力期望显著正向影响 E-Learning 用户绩效期望。在持续使用意愿的影响因素方面,绩效期望($p=0.359$, $t=6.172$, Sig. $=0.000$)、努力期望($p=0.213$, $t=3.384$, Sig. $=0.001$)、社会影响($p=0.169$, $t=3.380$, Sig. $=0.001$)、促进因素($p=0.138$, $t=2.241$, Sig. $=0.026$)都对持续使用意愿有显著正向影响,并共同解释了 57.1% 的持续使用意愿变异。因此,假设 H1、H3、H6、H7 都得到了支持,也即努力期望、绩效期望、社会影响、促进因素等因素都显著正向影响 E-Learning 用户持续使用意愿。而计算机自我效能对 E-Learning 用户持续使用意愿影响不显著($p=0.083$, $t=1.360$, Sig. $=0.175>0.05$),也即假设 H5 未得到支持。模型验证的结果汇总如表 4-5 所示。

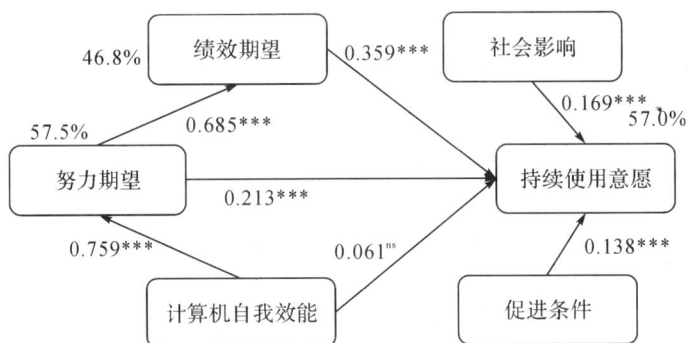

图 4-2 模型验证图

注：＊:Sig.＜0.05；＊＊:Sig.＜0.01；＊＊＊:Sig.＜0.001。

表 4-5　模型验证汇总

假设	因果路径	路径系数	显著性	t 值	检验结果
H1	PE→CI	0.359	0.000	6.172	支持
H2	EE→PEU	0.685	0.000	16.075	支持
H3	EE→CI	0.606	0.000	3.384	支持
H4	CSE→EE	0.759	0.000	19.948	支持
H5	CSE→CI	0.061	0.175	6.808	不支持
H6	SI→CI	0.169	0.001	3.380	支持
H7	FC→CI	0.138	0.026	2.241	支持

3.效果分析

由图 4-2 的路径模型,可以计算努力期望、绩效期望、促进因素、社会影响、计算机自我效能五个变量对持续使用意愿的直接效果、间接效果和总效果。

努力期望对持续使用意愿的影响由间接影响和直接影响两个部分组成,其直接效果为 0.213,间接效果为 $0.685 \times 0.359 = 0.246$,总效果值 $= 0.213 + 0.246 = 0.459$。

计算机自我效能虽然对持续使用意愿影响不显著,但通过努力期望、绩效期望对持续使用意愿的产生间接影响:$0.759 \times 0.213 + 0.759 \times 0.685 \times 0.359 = 0.162 + 0.187 = 0.349$。

绩效期望、社会影响、促进因素对持续使用意愿的直接效果值分别为 0.359、0.169、0.138。

从以上计算结果可知,努力期望对持续使用意愿的影响最大(0.459),其次是绩效期望(0.359)、计算机自我效能(0.349)和社会影响(0.169),而促进因素对持续使用意愿的影响最小(0.138)。值得关注的是计算机自我效能对持续使用意愿的影响效果值达到 0.349,这一效果值如果不计算间接影响,则有可能被遗漏。因此,通过计算变量的中介效果,可以对外因变量对内因变量或因变量的影响作更全面的评估。

4.用户特征的调节作用

调节作用的原理如图 4-3 所示,自变量 X 对因变量 Y 有显著的影响,这种作用受到了变量 M 的影响,那么 M 即为调节变量,M 所起的作用也就是调节作用。调节作用是建立在自变量 X 对因变量 Y 有显著的影响的前提之下,如果这种关系不成立,那也就没有了检验调节作用的必要性。在进行调节作用分析时,调节变量 M 可以是类别变量也可以是连续变量。检验调节作用的方法主要有多元线性回归和结构方程模型(SEM)的方法。本研究采用多元线性回归的方法检验 E-Learning 用户的性别、年龄、学历、职业在模型中绩效期望、努力期望、社会影响及促进因素和持续使用意愿之间所起的调节作用。

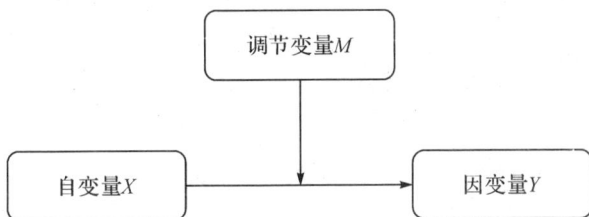

图 4-3　调节效应示意图

调节分析之前首先要对绩效期望、努力期望、社会影响及促进因素四个自变量对持续使用意愿的影响进行回归分析。前文回归分析的结果显示,绩效期望、努力期望、社会影响及促进因素四个变量对持续使用意愿都有显著正向影响。基于前文的分析,分别对性别、年龄、学历、职业四个特征变量的调节作用进行检验。其中性别是类别变量,需要先分组再进行多群组回归分析,而年龄、学历、职业均为连续变量,无须分组。分别对各变量进行回归分析后,得到表 4-4 的结果。当各调节变量分别进入绩效期望、努力期望、社会影响及促进因素与持续使用意愿的回归模型后,原回归模型的标准化系数并未改变,也即各自变量与因变量的关系未受到调节变量的影响(吴明隆,2010)。由此可以判断E-Learning用户的性别、年龄、学历、职业四个个体特征对绩效期望、努力期望、社会影响及促进因素与持续使用意愿之间的关系没有显著的调节作用。

第四节　本章总结与讨论

本章以技术接受和使用统一理论模型(UTAUT)为基础,引入计算机自我效能变量对E-Learning用户持续使用意愿的影响因素进行了分析与模型验证,在总共提出的七个假设中,有六个假设得到了支持,而计算机自我效能对持续使用意愿的显著影响没有得到支持。而在调节作用的分析中,通过对性别、年龄、学历、职业四个学习者特征变量对自变量(绩效期望、努力期望、社会影响及促进因素)与因变量(持续使用意愿)之间的关系所起的调节作用的分析,发现性别、年龄、学历、职业对自变量与因变量之间的关系没有显著调节作用。下面就本研究的结果进行简要讨论与分析。

1. UTAUT 模型的解释力

在本研究中,共使用了绩效期望、努力期望、社会影响、促进因素、计算机自我效能五个自变量,其中计算机自我效能作为补充变量引入到模型中,其余四个变量均来自 UTAUT 模型。从模型验证结果来看,UTAUT 模型中的四个变量对E-Learning用户的持续使用意愿都有显著正向影响,并共同解释了 57.1% 的持续使用意愿的方差变异,说明了模型在解释 E-Learning 用户持续使用意愿决策方面的有效性。从解释的方差变异量来看,UTAUT 模型的解释力和上一章研究中的 TAM 和 TPB 整合模型的解释力(58.4%)非常接近。这可能的解释是 UTAUT 模型中社会影响、努力期望、促进因素等变量,与 TAM、TPB 中的主观规范、感知易用性、感知行为控制的意义相仿。此外,计算机自我效能对持续使用意愿有直接影响的假设并未得到支持。进一步研究发现,在绩效期望、社会影响、促进因素、计算机自我效能四个变量进入持续使用意愿的回归模型时,四个变量对持续使用意愿均有显著影响,而当努力期望进入模型后,计算机自我效能在模型中的作用变得不显著,由此可以推测计算机自我效能受到了努力期望的影响,可能的原因是E-Learning用户的计算机自我效能的部分含义可以由努力期望来解释。

2. 努力期望对持续使用意愿的影响

努力期望是指用户认为使用E-Learning系统的容易程度,和感知易用性接近。而在本书上一章的研究中,感知易用性对持续使用意愿的影响仅次于感知有用性,排在第二位。在本研究中,路径分析的结果显示,努力期望对持续使用意愿的影响最大,效果值达到 0.459,排在第二、三位的分别是绩效期望(0.359)、计算机自我效能(0.349)。努力期望对持续使用意愿的影响大于绩效期望的主要原因是考虑了间接影响,也即努力期望对绩效期望的影响和绩效期望对持续使用意愿的影响的相乘效果。而在直接效果上,绩效期望(0.359)则要大于努力期望(0.213)。这一结果与 Chao-Min Chiu(2008)的研究一致。这说明加强用户对E-Learning系统使用的培训,提高使用熟练程度,有助于提高用户持续使用的意愿。

3. 社会影响和促进因素对持续使用意愿的影响

研究表明,社会影响($p=0.169$, $t=3.380$, Sig. $=0.001$)和促进因素($p=0.138$, $t=2.241$, Sig. $=0.026$)作为外部变量对E-Learning用户持续使用意愿都有直接显著影响。社会影响反映的是用户使用E-Learning受他人影响的程度。从当前研究的结果上看,用户的行为意愿一定程度上受他人意见的左右,或者说用户在是否持续使用E-Learning的决策中会参考身边对其重要的人的意见或建议。这说明了在E-Learning持续使用行为决策中社会环境对学习行为有影响。但是,本研究的样本采集是在一个时间点,随着时间的推移,他人的意见是否仍然重要,需要进一步研究。此外,促进因素对E-Learning持续使用意愿有显著正向影响,这说明学习者所具备的数字化能力与素养以及他人的帮助等促进条件会对其持续使用E-Learning的意愿产生影响。近年来,随着互联网技术的发展,E-Learning的内涵也发生了较大的变化,目前的E-Learning不仅只是学习者在线观看学习视频、课件,而是在学习方式、学习理念上的变化。由此对用户使用E-Learning的条件也有了更高的要求。这可能是促进因素对E-Learning持续使用意愿有显著正向影响的原因所在。

第五章

主观任务价值对E-Learning 用户持续使用意愿的影响研究

在前面的研究中,从 TAM、TPB、UTAUT 等用户接受理论的视角,针对 E-Learning用户持续使用意愿构建了两个研究模型,并通过实证研究验证了 两个模型各自对E-Learning用户持续使用意愿约有 57.0％的解释力。研究中 主要分析了用户的外在动机(如感知有用性、绩效期望)、学习环境(如主观规 范、社会影响、促进因素)、个体特征(如感知行为控制、计算机自我效能、努力 期望、感知易用性)、行为意图(如态度)等因素的作用机制,这些因素相互影 响、相互作用构成复杂的行为系统,影响E-Learning用户持续使用的行为 决策。

在本章中,将引入新变量对影响E-Learning用户持续使用意愿的因素作 进一步的讨论与分析,基础理论为 Bhattacherjee(2001)提出的期望确认模型 (ECM)。期望确认模型(ECM)提出了这样的假设:用户在使用一个新的信息 系统之前会对该信息系统的功能与服务有一个预期,在使用之后用户的预期 会得到不同程度的确认,如超过预期、低于预期或刚好达到预期,不同的预期 确认的程度将影响用户对这个信息系统的有用性和满意度的感知,而满意度 和感知有用性将最终影响用户的持续使用意愿。

在期望确认模型中,感知有用性是影响用户满意度和持续使用意愿的重 要因素,指的是用户在使用了信息系统后所感知到的绩效的提高,也即用户所感知到的价值。现有研究已经证明，无论使用何种信息系统，感知收益和感知成本之间的权衡对持续意向均会产生重要影响。研究人员已经把价值概念化为"得到"成分和"给予"成分的函数，"得到"即个人收到的好处或收益，"给予"即个人获取和使用产品或服务的财务和非财务成本，也即成本。价值论者认为，价值是为人们所持守并经久不衰的信念，在日常决策中扮演着中心角色。

Eccles 等(1987)的成就动机的期望价值模型将个人的选择、坚持和绩效，与对成功和主观任务价值的期望关联起来。该模型概述了主观任务价值的四个动机成分：成就价值、内在价值、实用价值以及成本。这四个动机成分表明，主观任务价值是预测课程学习持续使用意向和绩效的重要因素，如数学、物理和英语课程。因此，我们也认为，通过这些变量，主观任务价值影响E-Learning持续使用意愿。基于此，在本章中，我们以期望确认模型为基础，引入主观任务价值变量对模型进行扩展，进一步研究E-Learning用户持续使用意愿。

第一节 研究模型与研究假设

一、理论背景

1. 主观任务价值

成就动机的期望价值模型假定，通过个人对任务成功及代表成功的主观任务价值的期望，可以直接预测个人的绩效、坚持和选择。因此对成功的期望类似于自我效能。主观任务价值也可以涉及成就价值（做好一项任务从中感受到的个人重要性）、内在价值（从活动中得到的享受）和实用价值（任务与当前和未来目标如何关联）。成本是概念化的，包括处理任务的消极方面（如焦虑和害怕失败），以及成功所需的努力程度和失去了的任何其他工作的机会。

Eccles 和她的同事们的研究显示，在传统课堂教育的背景下，主观任务价值的成分能够预测继续选课的意图和实际决定。此外，主观任务价值的成分，可以预测高中生继续学习数学的意向。

2. 期望确认模型

期望确认模型(ECM)是由 Bhattacherjee(2001)在期望确认理论的基础上提出的信息系统持续使用研究模型,也称信息系统持续使用理论。模型由期望确认、感知有用性、满意度和持续使用意愿四个信息系统使用后的感知信念构成。因为已有的研究已经证明,用户在使用信息系统之前的感知信念和使用后的感知信念是不同的(Karahanna,Straub & Chervany,1999)。因为使用前形成预期的信息主要来源于制造商、第三方以及媒体,而使用后的绩效则主要来自用户自身的经历(Yi,1990)。Bhattacherjee(2001)在研究电子商务服务持续使用意愿时构建了该模型。研究结果表明用户对电子商务服务的最初期望的确认程度会显著影响用户对电子商务服务有用性信念和满意度的感知,而感知有用性信念则会影响满意度和持续使用意愿,满意度则是影响持续使用意愿的最主要因素。期望确认模型在信息系统服务中得到了广泛的应用(Bhattaeherjee,2001,2008;Hayashi et al.,2004;刘鲁川等,2011)。而在E-Learning研究中,学者们也证明了期望确认模型在网络学习、在线学习用户持续使用意愿中的有效性(Limayem & Cheung,2008;Lee,2010;Yung-Ming Cheng,2014)。

3. E-Learning

目前,"E-Learning"一词更多的是指通过网络传输媒介而开展的数字化学习方式。E-Learning的三个基本的标准:①网络化,这使得它能够即时更新、存储/检索、发布和共享教师的教导或信息;②它通过电脑,使用标准的互联网技术,向终端用户传递信息;③侧重于提供最开阔的学习视角,超越了传统培训范式(Rosenberg,2001)。在E-Learning环境中,通常认为,学习者可以自己判断其所需的材料、时间或者学习的步伐。这意味着E-Learning系统的目的是为了灵活满足学习者的需求。然而,在E-Learning使用的过程中,也有一些负面或消极的因素会影响学习者的学习效果或使学习者不满,诸如缺乏线索、缺乏面对面的交流、非语言沟通、社会隔离以及硬件/软件或网络连接问题(Buckley,2003)等等。此外,教师的角色(即认知、情感、响应和互动方面),可能会影响学生的学习成果。因此,理解这些因素对学习者的影响,将有助于洞察学习者持续使用E-Learning的决策机制。

二、研究模型

E-Learning是互联网的一个新兴应用,不同于工作场所使用的信息系统。期望确认模型(ECM)现有的变量并不能完全反映学习者的动机。Homer 和 Kahle(1988)认为价值观是指导个人行为的社会因素。价值观提供了一个理解文化内和跨文化人类行为的基础,可以说发挥着核心作用。因此,我们通过添加主观任务价值,来拓展整期望确认模型(ECM)。

虽然价值有几种分类,我们的模型采用 Eccles 等的定义,这是考虑到 E-Learning是一个与成就关联的活动。成就动机的期望—价值模型侧重于主观任务价值,被视为一个影响意愿和选择的关键因素。在本研究中,主观任务价值由感知收益和感知成本两个部分组成,也即价值是收益和成本相减后的剩余部分,在此处是一个概念化的变量。感知收益部分包括成就价值、内在价值和实用价值,其中实用价值和期望确认模型中的感知有用性概念相似,在研究模型中将两者合二为一。主观任务价值中的成本部分,被概念化为专注任务的消极方面。在研究中,我们确定了E-Learning的四种消极方面:社会隔离、焦虑、延迟响应和随意学习的风险。图 5-1 显示了研究模型,除了期望确认模型中的期望确认、满意度和持续使用意愿之外,感知收益和感知成本被加入模型。

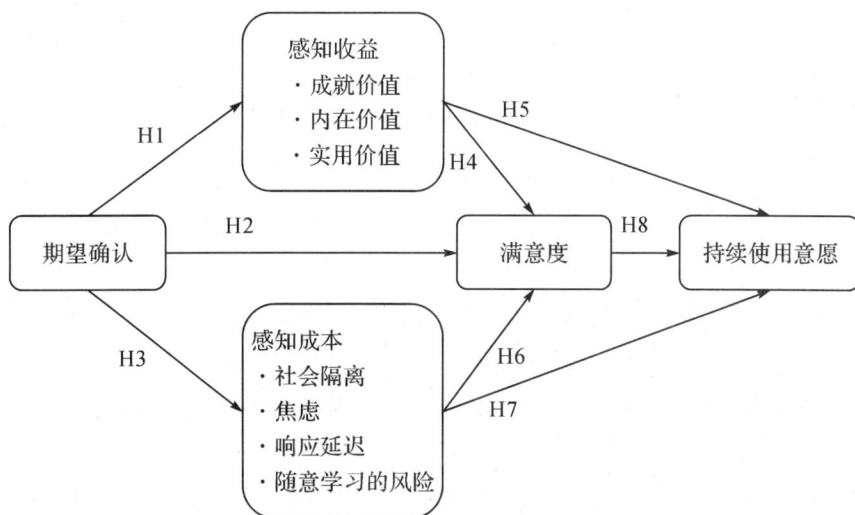

图 5-1　E-Learning期望确认研究模型

三、研究假设

1. 期望确认

Bhattacherjee（2001）认为，用户对某项技术最初期望确认的程度，是影响他们使用后感知信念（如感知有用性）的重要因素。Gardial等（1994）的研究指出，用户在购买产品或服务时所感受到的价值，与使用中或使用后所感知到的价值存在差别。盛玲玲（2008）在移动商务用户持续使用的研究中，证明了体验差距（期望确认的不同程度）对感知价值有显著影响，其中感知价值包括感知有用性、感知形象提升、感知风险、感知费用水平、感知娱乐性等，与主观任务价值中的成就价值、内在价值、使用价值以及成本相似。高的期望确认程度意味着用户感知到的价值会提高，而对成本的敏感性则会降低。此外，大量研究表明期望确认与满意度有积极联系，因为期望被确认，意味着预期利益的实现（Bhattacherjee, 2001；Limayem & Cheung, 2008；Roca et al., 2006）。所以，提出如下假设：

H1a：用户对E-Learning的期望确认水平，对他们的成就价值有显著正向影响。

H1b：用户对E-Learning的期望确认水平，对他们的内在价值有显著正向影响。

H1c：用户对E-Learning的期望确认水平，对他们的使用价值有显著正向影响。

H2：用户对E-Learning的期望确认水平，对他们的满意度有显著正向影响。

H3a：用户对E-Learning的期望确认水平，对他们的感知社会隔离有显著负向影响。

H3b：用户对E-Learning的期望确认水平，对他们的感知焦虑有显著负向影响。

H3c：用户对E-Learning的期望确认水平，对他们的感知响应延迟有显著负向影响。

H3d：用户对E-Learning的期望确认水平，对他们的随意学习有显著负向影响。

2. 成就价值

成就价值指做好树立良好自我形象和建立核心个人价值观的重要性（如个人成就和能力需求）。一般来说，如果学习者重视某项任务，他们将更有可能从事该项任务，付出更多努力，并且表现良好。一些有关传统课堂教育的研究也支持这一观点。例如，Meece等（1990）发现，初中学生的成就价值预示着他们继续学习数学的意向。Chiu，Hsu和Sun等（2005）的研究发现，感知价值通过满意度的中介作用影响学习者的E-Learning持续使用行为。此外，盛玲玲（2008）发现，感知形象提升对移动商务用户满意度和继续使用意愿均有显著影响。所以，提出如下假设：

H4a：成就价值对E-Learning持续满意度有显著正向影响。

H5a：成就价值对E-Learning持续使用意愿有显著正向影响。

3. 内在价值

内在价值指的是一个活动在何种程度上被认为是个人享受。根据自我决定理论，如果学习者对E-Learning感兴趣或者享受此过程，他们内在受到驱动，可以自由决定。Triandis（1980）认为个人内在动机因素（如欣喜、快乐、愉悦的感觉）对个体的行为有影响。盛玲玲（2008）的研究发现，感知娱乐性对移动商务用户满意度和继续使用意愿均有显著影响。Bong（2001）发现，如果学生对课堂上的话题产生内在兴趣，这些学生更有可能在未来选择类似的课程。所以，提出如下假设：

H4b：内在价值对E-Learning满意度有显著正向影响。

H5b：内在价值对E-Learning持续使用意愿有显著正向影响。

4. 实用价值

实用价值测量的是一个系统与当前和未来的职业目标，如晋升和薪资，有怎样的关联。实用价值类似于长期效用或结果，可以与自我决定理论的外在动机概念相联系。在期望确认模型中，感知有用性作为一种外在动机，是影响满意度和持续使用意愿的关键激励因素（Bhattacherjee，2001，2008；孙建军等，2013）。因此我们相信，在E-Learning使用过程中，实用价值（感知有用性信念）会影响学习者的满意度和随后持续使用意愿。对于E-Learning有用性的事后信念，取决于学习者使用后在多大程度上带来绩效的提升，如有助于完成工作任务、提高学生学习成绩等。而使用后满意度评估的是学习者使用的正负面或中性的体验。因使用E-Learning提升绩效，将产生"正面体验"；因使

用E-Learning降低绩效,将会产生"负面体验",并由此令用户失望。所以,提出以下假设:

H4c:实用价值对E-Learning满意度有显著正向影响。

H5c:实用价值对E-Learning持续使用意愿有显著正向影响。

5.社会隔离

E-Learning为学习提供便利性和灵活性的同时,学习者同时也会感觉缺少互动与情感关怀。在学习者与其他学习者或教师进行交互的机会越来越少的情况下,会发生社会隔离。如果是地理和时空上分离,交互通常是异步的并且是以文本信息的形式,这可能导致社会化受到抑制或产生隔离感。Bennett等(1999)表明,在线学习的学生往往受到社会隔离的影响,最终导致学生退课。Daugherty和Funke(1998)发现,孤立感是学生不满网络学习课程的一个重要标准。Kahl和Cropley(1986)表明,远程学习的学生比面对面学生更加容易感到孤立,自信水平也相对较低。所以,提出以下假设:

H6a:社会隔离对E-Learning满意度有显著负向影响。

H7a:社会隔离对E-Learning持续使用意愿有显著负向影响。

6.焦虑

焦虑是指个人使用技术所经历的恐惧或不适。本体论者认为焦虑是"个体面临自由选择时必然存在的一种心理体验"。在E-Learning使用过程中,学习者在制订学习计划与学习步调时有可能存在自主决定时的焦虑感。这种焦虑感会形成一种情感回应,一种对潜在负面影响的恐惧情感,如预期低的学习绩效或学习进程的缺乏控制。人们认为,诸如此类的负面情绪偏离了任务绩效,通过感知行为控制,对网络学习满意度和持续意向产生显著影响。所以,提出以下假设:

H6b:焦虑对E-Learning满意度有显著负向影响。

H7b:焦虑对E-Learning持续使用意愿有显著负向影响。

7.响应延迟

响应延迟是从系统接收响应缺乏即时性。在E-Learning服务中,响应延迟是指学习者在学习过程中不能得到教师或其他学习者的及时响应,从而影响学习的积极性。Vonderwell(2003)表明,在线学习的一个缺点是他们缺乏教师的即时反馈。Hara和Kling(1999)在学生远距离课程学习的研究报告中表明,参与者由于缺乏即时响应而产生了学习的挫败感。所以,提出以下假设：

　　H6c：响应延迟对E-Learning满意度有显著负向影响。

　　H7c：响应延迟对E-Learning持续使用意愿有显著负向影响。

　　8.随意学习的风险

　　在学习者自我激励有困难时，会存在随意学习的风险。E-Learning的一个关键特征是由学习者自己控制学习的速度。这种学生自定进程的学习方式，有可能会给学生造成很大的心理负担，令他们难以长时间保持兴趣、集中注意力并且步履稳当。在一项关于学习者对在线学习看法的调查中，Song等(2004)透露，大多数学习者认为学习动机和时间管理会影响他们在线学习体验成功与否。因此，我们认为拥有较低动机或不良学习习惯的学习者往往落后，并导致学习绩效降低等等。所以，提出以下假设：

　　H6d：随意学习的风险对E-Learning满意度有显著负向影响。

　　H7d：随意学习的风险对E-Learning持续使用意愿有显著负向影响。

　　9.满意度和持续使用意愿

　　作为信息系统持续使用理论的基础，期望确认理论认为，持续使用意愿主要由对之前运用信息系统的满意度决定(Bhattacherjee,2001,2008)。满意度是用户在使用了信息系统后对该系统的综合评价，可以是正面、负面或中性的感受，并且以往有关信息系统的研究也发现，这种评价是预测信息系统使用意向的重要指标(Larsen et al. ,2009;Lee,2010)。所以，提出如下假设：

　　H8：用户对使用E-Learning的满意水平，对他们的持续使用意愿有显著正向影响。

第二节　变量测量与数据采集

一、变量测量

　　本研究采用问卷调查的方法进行样本数据的收集，为了保证问卷中所研究变量测量的信度与效度，在现有文献的基础上进行改编后制定了本研究量表。问卷设计采用 Likert7 评分法，从"非常不同意"到"非常同意"。针对研究变量共设计了 42 个题项，经过访谈、小范围前测，所有问项中载荷因子均大于 0.50，因此保留 38 个问项。各变量测量问项及来源如表 5-1 所示。

表 5-1　潜变量的测量及来源

潜变量	编号	测量项	来源
成就价值	AV1	我认为E-Learning使我成为一个知识渊博的人	Eccles et al. and Battle and Wigfield，2003；Chao-Min Chiu,2008
	AV2	我认为E-Learning为我提供了一个实现成就的场所	
	AV3	我认为成功的E-Learning能证明我的能力	
	AV4	我认为成功的E-Learning给了我信心	
内在价值	IV1	我认为E-Learning是有趣的	Battle and Wigfield，2003；Chao-Min Chiu,2008
	IV2	我认为E-Learning是令人愉快的	
	IV3	我认为E-Learning是让人开心的	
实用价值	UV1	我认为E-Learning对我的提升是有用的	Eccles et al. and Battle and Wigfield,2003
	UV2	我认为E-Learning对我获得加薪是有用的	
	UV3	我认为E-Learning对我获得工作是有帮助的	
社会隔离	SIL1	我认为E-Learning减少了学生之间面对面交流的机会，从而限制了他们的社会化	Eccles et al. and Song et al.，2004；Chao-Min Chiu,2008
	SIL2	我认为E-Learning减少了学生与老师之间面对面交流的机会	
焦虑	ANX1	我对使用E-Learning完成我的学习任务感到忧虑	Venkatesh et al.，2002；Chao-Min Chiu,2008
	ANX2	我对使用E-Learning完成我的学习任务感到不安	
	ANX3	我对使用E-Learning完成我的学习任务感到不舒服	
响应延迟	DR1	我感觉得到老师的响应缺乏即时性	Song et al.，2004；Chao-Min Chiu,2008
	DR2	我感觉得到其他同学的响应缺乏即时性	
	DR3	我感觉得到助教的响应缺乏即时性	

续表

潜变量	编号	测量项	来源
随意学习的风险	RAL1	在E-Learning活动中我不能持续参与	C. E. Weinstein，D. R. Palmer，1987；Chao-Min Chiu，2008
	RAL2	在E-Learning活动中我不能保持我的注意力	
	RAL3	在E-Learning活动中我不能保持我的兴趣	
	RAL4	在E-Learning活动中我没办法完成我的学习目标	
期望确认	CF1	我使用E-Learning的经历比预期的要好	Bhattacherjee，2001，2008；Limayem & Cheung（2008）
	CF2	E-Learning系统提供的服务水平比我预期的要好	
	CF3	E-Learning系统能够满足超过我所需求的服务	
满意度	SA1	我对E-Learning的绩效感到满意	Bhattacherjee，2001，2008；Limayem & Cheung，2008
	SA2	我使用E-Learning的经历是愉快的	
	SA3	我使用E-Learning的决策是明智的	
持续使用意愿	CI1	如果可能，在以后的学习中我想继续使用E-Learning	Bhattacherjee，2001，2008；Limayem & Cheung，2008
	CI2	我以后继续使用E-Learning是有可能的	
	CI3	我希望在以后的学习中继续使用E-Learning	

二、数据采集

本研究的数据采集使用问卷调查的方式，调查对象为有E-Learning使用经验的用户。调查问卷通过问卷星调查平台发放。调查问卷包括三个部分：学习者基本信息、E-Learning使用行为、学习者对E-Learning使用的感知。数据收集的时间为14天，我们共发放了400份问卷，实际收回310份，有效问卷294份，回收有效率为94.8%。由于本研究所用数据来源和第三章相同，因此样本数据的基本情况可以参考第三章表3-2，在此不再赘述。

第三节　数据分析

一、信度分析

　　信度指的是变量测量的可靠性,体现的是测量结果的一致性和稳定性程度(李怀祖,2004)。可以采用 Crobach's Alpha 系数(王重鸣,1990)和校正的项总相关系数(Corrected Item-Total Correlation,CITC)进行验证。李怀祖(2004)认为量表的 Crobach's Alpha 系数值高于 0.70 即说明该量表具有相当程度的信度。根据 Churchill(1979)的建议,校正的项总相关系数应该大于0.5,否则应该删除。在本研究中,通过 SPSS 18.0 的可靠性分析,得到各变量的 Crobach's Alpha 系数和校正的项总相关系数,如表 5-2 所示。从各变量的Crobach's Alpha 系数来看,除了实用价值的 Crobach's Alpha 系数小于 0.7之外,其他变量的 Crobach's Alpha 系数均大于 0.7,而且 CITC 都大于 0.5,表明量表的信度通过一致性检验,适宜进行进一步的分析。

表 5-2　信度和效度分析表

潜变量	编号	均值	标准差	CITC	标准因子	α 系数	KMO	累积方差解释(%)
成就价值	AV1	5.63	0.953	0.545	0.749	0.770	0.776	59.23
	AV2	5.82	0.952	0.616	0.804			
	AV3	5.71	0.946	0.545	0.749			
	AV4	5.96	0.879	0.581	0.727			
内在价值	IV1	5.81	0.895	0.608	0.815	0.816	0.699	73.20
	IV2	5.85	0.934	0.722	0.886			
	IV3	5.83	0.976	0.681	0.864			
实用价值	UV1	5.97	0.848	0.682	0.703	0.655	0.696	59.45
	UV2	5.49	1.076	0.738	0.750			
	UV3	6.00	0.907	0.684	0.853			

潜变量	编号	均值	标准差	CITC	标准因子	α系数	KMO	累积方差解释(%)
社会隔离	SIL1	4.32	1.519	0.768	0.940	0.869	0.700	88.38
	SIL2	4.35	1.588	0.768	0.940			
焦虑	ANX1	3.32	1.885	0.881	0.947	0.946	0.771	90.21
	ANX2	3.10	1.843	0.877	0.957			
	ANX3	3.02	1.744	0.900	0.945			
响应延迟	DR1	4.16	1.607	0.865	0.944	0.937	0.770	88.86
	DR2	4.25	1.580	0.873	0.944			
	DR3	4.15	1.618	0.872	0.940			
随意学习的风险	RAL1	3.74	1.700	0.859	0.922	0.942	0.865	85.27
	RAL2	3.61	1.723	0.857	0.920			
	RAL3	3.47	1.692	0.870	0.928			
	RAL4	3.26	1.752	0.862	0.923			
期望确认	CF1	5.44	0.939	0.589	0.846	0.781	0.701	69.74
	CF2	5.57	0.963	0.639	0.813			
	CF3	5.50	1.111	0.637	0.846			
满意度	SA1	5.71	0.920	0.612	0.834	0.767	0.695	68.26
	SA2	5.76	0.948	0.620	0.839			
	SA3	5.91	0.899	0.570	0.805			
持续使用意愿	CI1	5.94	0.927	0.678	0.860	0.821	0.719	73.69
	CI2	6.07	0.866	0.622	0.850			
	CI3	6.05	0.845	0.686	0.865			

二、效度分析

效度分析主要测量问卷的建构效度。建构效度是指测量工具所能测量的理论概念或特质的程度。可以采用因子分析的方法,以 KMO 和标准因

子负荷量等数值作为建构效度的评判依据。根据学者 Tabachnick 与 Fidell
(2007)的建议,选择因子负荷量大于 0.55 作为参考依据。在 KMO 取值方
面,根据 Kaiser(1974)的建议,选择 0.7 的 KMO 评价依据。表 5-2 是问卷
效度检验的数值。从表中可以看出,各问项的标准因子负荷量都大于
0.70,解释的方差变异量都大于 59%,达到 Tabachnick 与 Fidell(2007)建议
的因子负荷 0.71、解释变异量 50%的甚为理想的标准;而在 KMO 值方面,
除少数几个构面的 KMO 值小于 0.7(0.695～0.699)之外,其他变量的
KMO 值均大于 0.7,且有很高显著性水平(Sig.＝0.000)。通过对整体问
项的因子分析,采用最大轴旋转和主成分分析,样本共抽取出 10 个特征值
大于 1 的因子,如表 5-3 所示。因子分析和 Bartlett 的球形度检验近似卡方
值为 6952.938,df 值为 465,达到较高的显著性水平(Sig.＝0.000),四个
因子共同解释了 79.241%的方差变异,整体 KMO 值为 0.928,说明测量量
表具有良好的收敛效度和区别效度。

表 5-3　因子分析结果(交叉因子载荷)

	1	2	3	4	5	6	7	8	9	10
AV1	**0.660**	−0.009	−0.036	−0.009	0.134	0.334	0.049	0.447	0.010	0.044
AV2	**0.676**	0.009	0.022	−0.006	0.330	0.358	0.354	0.297	−0.037	0.034
AV3	**0.775**	−0.067	−0.079	−0.038	0.201	0.118	0.356	0.078	0.045	0.052
AV4	**0.594**	−0.126	0.015	−0.092	0.093	0.240	0.398	0.106	0.094	−0.331
IV1	0.221	**0.696**	0.063	−0.078	−0.161	0.046	0.236	0.207	0.300	−0.033
IV2	0.379	**0.747**	−0.053	0.184	0.018	−0.072	0.033	0.147	0.090	0.173
IV3	0.325	**0.649**	−0.012	−0.256	0.252	−0.092	0.197	0.104	0.191	−0.172
UV1	−0.112	−0.001	**0.716**	−0.012	0.251	0.032	0.189	0.428	0.241	−0.070
UV2	−0.051	−0.102	**0.793**	−0.010	0.107	0.000	0.197	0.296	−0.112	0.055
UV3	−0.084	−0.109	**0.780**	−0.002	−0.018	0.124	0.147	0.222	0.153	−0.026
SIL1	−0.047	0.363	0.099	**0.778**	−0.144	−0.021	0.100	0.076	0.204	0.120
SIL2	−0.052	0.228	0.025	**0.868**	−0.061	−0.018	0.121	0.045	0.074	0.178

续表

	1	2	3	4	5	6	7	8	9	10
ANX1	−0.105	0.439	0.376	−0.042	**0.722**	0.013	−0.008	0.028	0.054	0.022
ANX2	−0.012	0.462	0.332	−0.111	**0.743**	0.004	−0.018	−0.008	0.008	0.016
ANX3	−0.036	0.473	0.300	−0.187	**0.722**	0.032	−0.048	−0.034	0.012	−0.049
DR1	−0.068	0.310	−0.023	0.280	0.137	**0.749**	−0.148	−0.067	−0.140	−0.223
DR2	−0.076	0.287	−0.083	0.264	0.079	**0.763**	−0.124	−0.077	−0.207	−0.141
DR3	−0.040	0.319	0.022	0.284	0.056	**0.722**	−0.196	−0.142	−0.151	−0.216
RAL1	−0.141	−0.061	0.333	0.169	−0.023	−0.045	**0.824**	0.051	−0.002	0.003
RAL2	−0.141	−0.025	0.351	0.144	0.017	−0.100	**0.828**	−0.046	−0.042	−0.020
RAL3	−0.118	−0.037	0.271	0.181	−0.128	−0.002	**0.853**	−0.042	−0.021	−0.027
RAL4	−0.122	−0.014	0.209	0.300	−0.168	−0.048	**0.835**	0.003	−0.010	0.015
CF1	0.127	0.016	−0.069	−0.001	0.231	0.172	−0.056	**0.608**	0.350	0.130
CF2	0.036	−0.081	−0.187	−0.042	0.151	0.281	0.108	**0.784**	0.116	0.308
CF3	0.394	−0.029	−0.139	0.101	0.153	0.333	0.226	**0.605**	−0.030	0.152
SA1	0.439	−0.041	−0.020	0.020	0.241	0.215	−0.008	0.124	**0.696**	−0.110
SA2	0.044	−0.163	0.026	−0.019	0.125	0.097	0.064	0.183	**0.772**	0.143
SA3	0.064	−0.160	−0.103	−0.014	0.255	0.243	0.037	−0.223	**0.669**	−0.057
CI1	0.471	−0.178	−0.011	−0.217	0.000	0.077	−0.074	0.057	0.092	**0.656**
CI2	0.151	−0.083	−0.035	−0.060	0.372	0.077	0.120	−0.129	−0.133	**0.779**
CI3	−0.102	−0.090	−0.042	−0.305	0.349	0.162	0.083	−0.072	0.102	**0.666**

三、路径分析

路径分析通过外因变量与内因变量之间的路径模型来解释变量之间的复杂关系（Mackinnon，2008）。本研究的路径分析采用回归取向的方法，使用

SPSS软件通过多个回归模型的组合形成结构化的路径模型(邱皓政,2013)。路径分析分为以下几个步骤:①通过多元回归分析获得标准化回归系数;②由回归模型中的标准化系数绘制路径图,并进行模型各假设的验证;③直接效果、间接效果和总效果的计算与分析。

1.多元回归分析

分别对满意度和持续使用意愿进行多元回归分析,方法为逐步进入法,回归结果如表5-4所示。多元回归结果表明,满意度的影响因素有期望确认、内在价值、实用价值、随意学习的风险和响应延迟。持续使用意愿的直接影响因素有满意度、焦虑、成就价值、响应延迟和实用价值。

表5-4　回归系数及显著性

模型	自变量	R^2	调整R^2	非标准化系数		标准系数	t	Sig.
				p	标准误差			
SA	CF	0.713	0.708	0.424	0.049	0.424	8.669	0.000
	IV			0.371	0.046	0.371	8.089	0.000
	UV			0.133	0.045	0.133	2.963	0.003
	RAL			−0.166	0.041	−0.166	−4.000	0.000
	DR			0.154	0.041	0.154	3.732	0.000
CI	SA	0.612	0.606	0.458	0.053	0.458	8.592	0.000
	ANX			−0.283	0.047	−0.283	−6.035	0.000
	AV			0.193	0.057	0.193	3.412	0.001
	DR			0.145	0.047	0.145	3.084	0.002
	UV			0.157	0.056	0.157	2.812	0.005

2.模型验证

将各模型的标准化回归系数作为假设模型的路径系数,可以绘制如图5-2的路径模型图。从路径模型图可以得出如下结论:

期望确认作为前因变量对成就价值、内在价值、实用价值均有显著正向影响,因此假设H1a、H1b、H1c都得到验证。在主观任务价值的三个价值因素中,期望确认对内在价值的影响略大于成就价值和实用价值。此外,期望确认对主观任务价值中的成本因素均有显著负向影响。因此,假设 H3a、H3b、H3c、H3d 也都得到了验证。

在满意度的八个前因变量中,多元回归分析的结果表明,期望确认、内在价值、实用价值、随意学习的风险、响应延迟对满意度都有显著影响,而成就价值、社会隔离和焦虑的影响没有达到显著水平。在主观任务价值的三个价值因素中,内在价值对满意度的影响最大,其次是实用价值,而成就价值对满意度影响的显著性为 Sig. $=0.120>0.05$,没有达到显著水平。因此,假设 H4b、H4c 得到了支持,而 H4a 没有得到支持。

在主观任务价值的四个成本因素中,响应延迟($p=0.145$, Sig. $=0.000<0.001$)和随意学习的风险($p=-0.166$, Sig. $=0.000<0.001$)对满意度的影响达到显著水平。其中随意学习的风险的路径系数为 $p=-0.166<0$,说明随意学习的风险对学习者的满意度有显著负向影响,所以假设 H6d 得到了支持。响应延迟对满意度的影响路径系数为 $p=0.145>0$,说明响应延迟对满意度有显著正向影响,这和假设中的负向影响不一致。进一步研究发现,响应延迟受随意学习的风险、成就价值、内在价值、实用价值和期望确认等因素的控制与调节作用。在一元回归分析中,响应延迟对满意度有显著负向影响($p=-0.177$, Sig. $=0.002$),而当随意学习的风险和期望确认同时进入回归模型时,响应延迟对满意度的影响由负向变为正向。此外,社会隔离(Sig. $=0.505>0.05$)和焦虑(Sig. $=0.853>0.05$)的影响不显著。因此,假设 H6a、H6b、H6c 未得到支持。在解释的方差变异方面,满意度的八个前因变量共同解释了满意度 70.8% 的方差变异。

在持续使用意愿的八个前因变量中,成就价值、实用价值、焦虑、响应延迟和满意度对持续使用意愿有显著影响,而内在价值、社会隔离、随意学习的风险对持续使用意愿的影响不显著。在对持续使用意愿有显著影响的五个因素中,焦虑的路径系数为 $p=-0.283<0$,也就是说E-Learning用户的焦虑感会负向影响持续使用意图。响应延迟对持续使用意愿影响的模型验证结果与假设存在不一致的现象(假设中为负向,验证结果为正向),进一步分析的结果显示,响应延迟对持续使用意愿的影响受到了其他因素的控制与调节作用。如此,八个研究假设中,H5a、H5c、H7b、H8 得到了支持,而 H5b、H7a、H7c、H7d 四个假设没有得到支持。模型验证结果汇总如表5-5所示。在解释的方差变异方面,持续使用意愿的八个前因变量共同解释了满意度 60.6% 的方差变异。

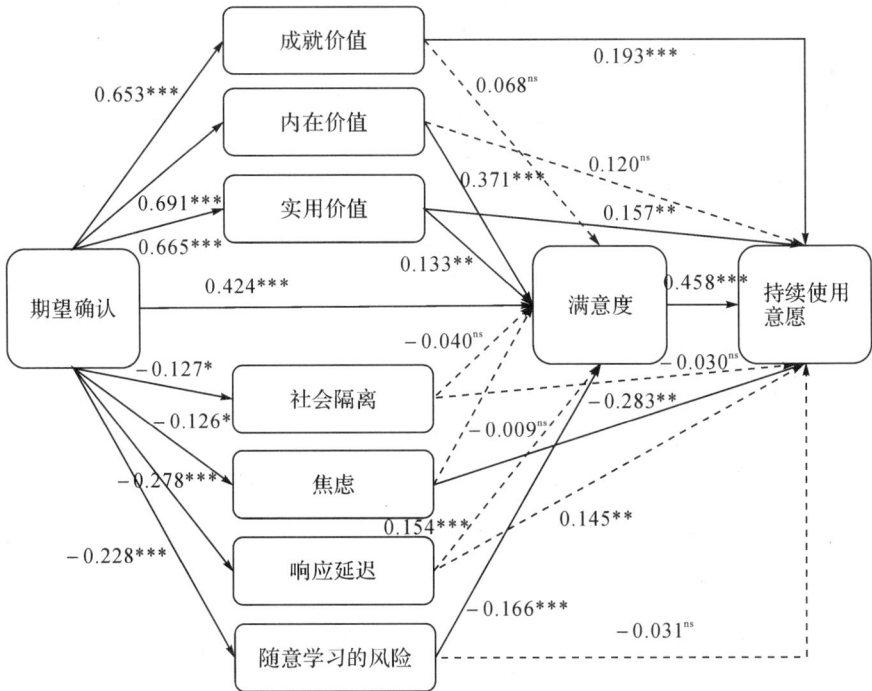

（注：＊＊＊：Sig.＜0.001；＊＊：Sig.＜0.01；＊：Sig.＜0.05；ns：no sig）。

图 5-2　路径分析图

表 5-5　模型验证

假设	因果路径	路径系数	显著性	t	检验结果
H1a	CF→AV	0.653	0.000	14.715	支持
H1b	CF→IV	0.691	0.000	16.326	支持
H1c	CF→UV	0.665	0.000	15.215	支持
H2	CF→SA	0.424	0.000	8.669	支持
H3a	CF→SIL	−0.127	0.029	−2.194	支持
H3b	CF→ANX	−0.126	0.031	−2.170	支持
H3c	CF→DR	−0.278	0.000	−4.937	支持

假设	因果路径	路径系数	显著性	t	检验结果
H3d	CF→RAL	−0.228	0.000	−3.996	支持
H4a	AV→SA	0.068	0.120	1.283	不支持
H5a	AV→CI	0.193	0.000	8.592	支持
H4b	IV→SA	0.371	0.000	8.089	支持
H5b	IV→CI	0.120	0.058	1.906	不支持
H4c	UV→SA	0.133	0.003	2.963	支持
H5c	UV→CI	0.157	0.005	2.812	支持
H6a	SIL→SA	−0.030	0.505	−0.668	不支持
H7a	SIL→CI	−0.043	0.409	−0.827	不支持
H6b	ANX→SA	−0.009	0.853	−0.186	不支持
H7b	ANX→CI	−0.283	0.000	−6.035	支持
H6c	DR→SA	0.154	0.000	3.732	不支持
H7c	DR→CI	0.145	0.002	3.084	不支持
H6d	RAL→SA	−0.166	0.000	−4.100	支持
H7d	RAL→CI	−0.031	0.591	−0.538	不支持
H8	SA→CI	0.458	0.000	8.592	支持

3.效果分析

依据图 5-2 中各变量间的标准系数可以得知自变量对因变量的直接影响、间接影响和总影响。下面分别分析各变量对满意度和持续使用意愿两个变量的影响效果。

(1)各变量对满意度影响的效果比较

首先,内在价值对满意度具有直接影响,其直接影响的效果值为 0.371;

其次,实用价值对满意度具有直接影响,其直接影响的效果值为 0.133;

再次,随意学习的风险对满意度具有直接影响,其直接影响的效果值为 -0.166;

最后,期望确认对满意度的直接效果值为 0.424;间接效果值为:$0.691 \times 0.371 + 0.665 \times 0.133 + (-0.228) \times (-0.166) = 0.383$,期望确认对满意度的总的效果值为:$0.424 + 0.383 = 0.807$。

从以上统计结果看,期望确认(0.807)对满意度的影响最大,其次是内在价值(0.371)的影响。

(2)各变量对持续使用意愿影响的效果比较

从路径模型图中可以看出,满意度、成就价值、实用价值、焦虑四个变量对持续使用意愿有直接影响;实用价值、内在价值、随意学习的风险、期望确认四个变量通过满意度的中介作用对持续使用意愿产生间接影响。各变量影响的效果值计算如下:

成就价值的直接影响效果值为 0.193;

实用价值的直接影响效果值为 0.157,间接效果值为:$0.133 \times 0.458 = 0.061$;总影响效果值为 0.218;

内在价值的间接效果值为:$0.371 \times 0.458 = 0.170$;

焦虑的直接影响效果值为 -0.283;

随意学习的风险的间接影响效果值:$-0.166 \times 0.458 = -0.076$;

期望确认对持续使用意愿的影响体现在间接效果上,具体计算如下:

通过满意度的间接效果值为:$0.424 \times 0.458 = 0.194$;

通过成就价值的间接影响效果值为:$0.653 \times 0.193 = 0.126$;

通过内在价值的间接影响效果值为:$0.691 \times 0.371 \times 0.458 = 0.117$;

通过实用价值的间接影响效果值为:$0.665 \times 0.157 + 0.665 \times 0.133 \times 0.458 = 0.145$;

通过焦虑的间接影响效果值为:$-0.126 \times -0.283 = 0.036$;

期望确认对持续使用意愿的总影响效果值为 0.618;

满意度对持续使用意愿有直接影响,其效果值为 0.458。

综合以上计算,各变量对持续使用意愿影响强度依次为:期望确认(0.618)、满意度(0.458)、焦虑(-0.283)、实用价值(0.218)、成就价值(0.193)、内在价值(0.170)、随意学习的风险(-0.076)。

第四节　本章总结与讨论

本章将主观任务价值理论纳入到期望确认模型（ECM）中，对信息系统持续使用理论模型进行了扩展，研究了E-Learning用户持续使用意愿的影响因素，并提出了 23 个研究假设，经过问卷设计、问卷调查、模型验证等实证分析，其中有 15 个假设得到了支持，接下来将围绕研究结果进行总结与讨论。

1. 扩展 ECM 模型的解释力

期望确认模型（ECM）是由 Bhattacherjee（2001）提出的研究信息系统用户持续使用意愿的经典模型。由于该模型简洁且有较强的解释力，模型自提出后在信息系统领域得到了广泛的应用。在本章中，我们使用该模型的扩展模型对E-Learning用户的持续使用意愿影响因素进行了验证性分析，主要目的是了解模型在E-Learning用户使用行为研究中的适切性。研究结果显示，期望确认模型（ECM）的核心变量（期望确认、感知有用性、满意度和持续使用意愿）之间的关系，均得到了支持，前因变量分别解释了 62.4％和 54.4％的满意度和持续使用意愿的方差的变异。在加入主观任务价值的价值因素和成本因素后，模型对E-Learning用户的满意度和持续使用意愿的解释力有一定程度的提高，其中满意度为 70.8％，持续使用意愿为 60.6％，说明主观任务价值理论对经典的期望确认模型（ECM）有一定的补充作用。

2. 满意度的前因变量

在期望确认模型（ECM）中满意度是指用户在使用了E-Learning后形成的综合评价，这种评价有可能是正面的、负面的或者是中性的。扩展后的期望确认模型（ECM）中，满意度受期望确认（0.807）、内在价值（0.371）、实用价值（0.133）、随意学习的风险（−0.166）四个因素的影响。首先，期望确认是对E-Learning用户满意度影响最大的因素，也即E-Learning用户在使用之前的预期如果在使用后得到高度的确认，能提高用户的满意度。对于E-Learning服务提供者来说，为用户提供超过其预期的服务将能提高用户的满意度。其次，内在价值对E-Learning用户的满意度有影响。内在价值是指用户认为使用E-Learning是有趣的、令人快乐的，而不以具体的绩效为目标，是用户的一种内在动机。提高E-Learning用户的内在动机将有助于提高用户的满意度。从长远来看,E-Learning服务提供者应为用户提供有吸引力的内容,并营造良好的学习环境,提高用户的内在动机水平。再次,实用价值对用户满意度产生影响。在主观任务价值理论中实用价值是一种长期效用,如用户使用了E-Learning后,在较长的一段时间内对其工作升迁、薪水提高有帮助作用,则能提高用户的满意度水平。与短期效用不同的是,长期效用更有利于提高用户的黏性。最后,随意学习的风险会影响用户的满意度。在E-Learning自主学习的情况下,对于缺乏自制力,有不良学习习惯的学习者会存在随意学习的风险。此时,由教师或E-Learning系统对学习者给予一定的提醒,有助于改善学习者的不良习惯,降低学习风险,提高学习绩效。

3. 持续使用意愿的前因变量

扩展的期望确认模型(ECM)中,期望确认、满意度、焦虑、实用价值、成就价值、内在价值、随意学习的风险共七个因素对E-Learning用户持续使用意愿产生影响。首先,期望确认(0.618)和满意度(0.458)仍是影响用户持续使用意愿的最为主要的因素,其中期望确认由于其他变量的中介作用,对持续使用意愿影响的总效果要大于满意度。其次,主观任务价值理论中的实用价值(0.218)、成就价值(0.193)和内在价值(0.170)均对持续使用意愿产生影响。三个价值因素实际上包含了用户的外在动机(实用价值)和内在动机(成就价值和内在价值),从长远来看,工作升迁、薪水提高等外在动机也是用户使用E-Learning的重要因素。再次,用户的焦虑感(-0.283)和随意学习的风险(-0.076)对持续使用意愿产生负向影响。在主观任务价值理论四个成本因素中,相比较而言,焦虑和随意学习的风险对E-Learning用户所产生的负面影响要大于社会隔离和响应延迟。这说明在学习过程中过多的自主决定权会给学习者造成不适而令其无所适从。由于学习者对自身的学习能力、学习方法或学习习惯的不自信,在自主学习的过程中会产生学习的压力和担忧,如错过学习时间,没交作业,不能获得好的成绩等。因此,在E-Learning中,平衡自主性和学习过程的控制,有可能是提高具有不良学习习惯学习者学习绩效的有效方法。

第六章

E-Learning功能与服务
对用户持续使用意愿的影响研究

本章讨论E-Learning的功能与服务对用户持续使用意愿的影响,并以在线学习为例。在线学习是指学习者登录到在线学习系统或平台进行课程学习的一种学习活动。相比其他信息系统,在线学习是由学习者、学习对象、学习环境和其他人(如教师、同学等)等构成的一个复杂的虚拟系统,学习过程和效果受学习者特征、学习系统功能与服务以及学习环境等多方面因素的影响。吴剑平和赵可(2014)总结了 MOOC 在线学习系统的功能与服务:①以视频、PPT 等多媒体形式在线展示课程内容,并有详细的课程介绍;②课程大多有固定的开课时间,学习周期通常在1～3 个月;③授课教师以教授为主,多以引导型的方式授课;④课程视频以"短视频"为主,一般不超过 10 分钟,而且课程具有交互式练习、课后作业及考试;⑤学生可以灵活把握学习进度,可以反复回看视频;⑥学习系统具有互动性,学习者可以与教师或与其他学习者进行讨论交流。此外,一些在线学习系统具有在线笔记、摘要等功能。而随着在线学习系统功能的不断发展与完善,越来越多的系统允许学习者根据自己的情况制订学习计划与进度安排,并在适当的时候给予学习提醒,使得在线学习更加个性化。

当然,不同的在线学习系统在功能与服务上会存在差异。但其最本质的是要能提供好的课程,有良好的在线学习环境与氛围,如此才能吸引学习者。

因为,在线学习是一个持续的过程,学习者通常要花费较长的时间(如一个学期或几个月)才能学完一门课程,学习过程中克服困难保持一贯的热情并坚持到底对学习者来说是一个考验。从信息系统持续使用行为研究的角度来看,在线学习符合持续使用行为研究所要求的情境。因此,为了对国内在线学习用户的持续使用行为进行系统的研究,本章以期望确认模型为基础,从用户使用在线学习系统后的期望确认的视角出发,引入在线学习系统的信息质量、系统质量和服务质量作为期望确认的前因变量,分析在线学习系统的功能与服务对期望确认的影响,并通过期望确认对用户使用在线学习后的感知有用性、满意度及最终的持续使用意愿的影响机制进行研究。

第一节 研究模型与研究假设

一、研究模型

1.期望确认模型

期望确认模型(ECM)是由 Bhattacherjee(2001)在期望确认理论的基础上构建的全新的信息系统持续使用理论模型。模型将"满意"这种基于用户主观感受的概念引入到行为意愿产生的原因中,Bhattacherjee(2001)认为信息系统持续使用与消费者重复购买的行为存在相似性,都是通过初始采纳后的满意度来判断是否符合之前的期望,从而对后续的使用行为进行决策。期望确认模型(ECM)依据"期望—确认—满意—意图"的范式,该模型对信息系统初始采纳后的行为规律研究有重要的理论贡献。期望确认模型提出后在信息系统服务中得到了广泛的应用(Bhattaeherjee,2001,2008;Limayem,2007;Kim,2010;刘鲁川等,2013)。在E-Learning领域,Lee(2010)以期望确认模型和计划行为理论为基础,对E-Learning用户持续使用意愿进行了研究;钱瑛(2014)以期望确认模型为基础,引入感知兴趣、感知互动以及学情定位认识变量研究了在线学习持续使用意愿的影响因素,并证明了期望确认对满意度以及满意度对持续使用意愿的影响。

2.信息系统成功模型(ISSM)

DeLone 和 McLean(1992,2003)提出的信息系统成功模型是用于评价信息系统用户使用的重要理论模型。DeLone 和 McLean 认为信息系统输出的信息质量、系统的稳定性、可操作性等系统质量以及系统所提供的相关服务会影响用户的满意度和实际的使用。信息系统成功模型和期望确认模型(Bhattaeherjee,2001,2008)有共性的地方,如两个模型都使用满意度来衡量用户使用信息系统的行为意愿。将信息系统成功模型中的相关变量引入到期望确认模型中,可以对用户的满意度、感知有用性和期望确认三个变量做出更好的解释和预测(刘鲁川等,2011;Chiao-Chen Chang,2013;杨根福,2014)。在线学习系统是以提供内容服务为主的信息系统,其课程内容是吸引用户和保持用户的关键因素,而系统的稳定性、容易使用、数据质量以及系统响应、互动、提醒等服务也会影响用户的学习体验。引入信息质量、系统质量、服务质量变量有助于考察在线学习系统的工具质量对学习者的影响,如用户觉得在线学习是否有用,是否容易使用,有没有实现预期的期望等。

3.自我效能感

自我效能感是指个体对自己能否完成某一特定活动的信念、能力的判断或把握与感受(班杜拉,2001),也即是个体在面临一项任务时的自信心、能力或胜任的一种感受。Bhattacherjee(2008)的研究证明自我效能感对用户持续使用意愿有显著正向影响。在在线学习服务中,自我效能感指的是用户对使用在线学习系统完成学习任务的自信心或能力的判断,高的自我效能感会让用户有更高的学习过程自我控制的能力。Roca 等(2008)在E-Learning的研究中将计算机自我效能感和互联网自我效能感引入到 TAM 和 TPB 模型中,证明了自我效能感对E-Learning用户持续使用意愿的影响。

基于以上理论分析,本章以期望确认模型为基础,引入信息质量、系统质量、服务质量、自我效能感四个变量,构建在线学习系统研究模型,如图 6-1 所示。

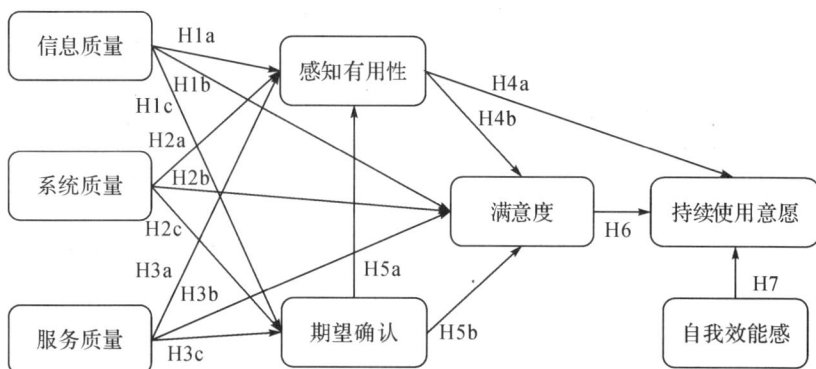

图 6-1   在线学习期望确认扩展模型

二、研究假设

1. 信息质量

信息质量是指信息系统输出的信息的质量，通常指的是信息系统所产生信息的准确性、时效性、关联性和完整性等特征（DeLone & McLean，1992）。本研究将信息质量定义为在线学习系统提供的课程内容的整体质量，如内容丰富性、内容品质、内容格式、内容完整性、及时更新等。我们可以预测，学习者在使用在线学习服务的过程中，若觉得内容丰富、质量高，并能及时更新，便会感知内容对他们有帮助，从而提高其有用性和满意度的感知，他们对在线学习系统使用前的预期的确认水平也能相应地提高（Lin & Wang，2012；Chiao-Chen Chang，2013）。所以，提出如下假设：

H1a：在线学习系统的信息质量对用户的感知有用性水平有显著正向影响。

H1b：在线学习系统的信息质量对用户的满意度水平有显著正向影响。

H1c：在线学习系统的信息质量对用户的期望确认水平有显著正向影响。

2. 系统质量

系统质量是指信息系统的易用性、稳定性、功能性和可维护性等特征（DeLone，McLean，1992；Seddon，1997）。已有研究证明，信息系统使用的容易程度是影响用户感知有用性的重要因素（Davis，1992）。本研究系统质量指的是在线学习系统的易用性、稳定性、功能性和可维护性等特征。我们可以预测,用户在使用在线学习系统过程中所感知的难易程度、系统的稳定性会影响用户使用的情绪,如满意度等(Lin & Wang,2012;Chiao-Chen Chang,2013)。假如系统容易使用,用户能找到相关的课程,完成注册、课堂互动等操作,则会觉得系统有用并有更大的兴趣再次使用;反之则容易放弃使用。此外,根据期望确认理论,用户在产品消费和体验之后的绩效对用户的期望确认有积极的影响(Spreng & Chiou,2002)。所以,提出以下假设:

H2a:在线学习系统的系统质量对用户的感知有用性水平有显著正向影响。

H2b:在线学习系统的系统质量对用户的满意度水平有显著正向影响。

H2c:在线学习系统的系统质量对用户的期望确认水平有显著正向影响。

3.服务质量

对于用户来说,在线学习系统能满足其个性化的学习要求,如按照自己的时间制订灵活的学习计划,在学习过程中能与教师进行互动,所提问题得到回复等,这些服务的满足使用户感知到在线学习系统对其有用,并提高其期望确认水平(Lin & Wang,2012;Chiao-Chen Chang,2013)。所以,提出以下假设:

H3a:在线学习系统的服务质量对用户的感知有用性水平有显著正向影响。

H3b:在线学习系统的服务质量对用户的满意度水平有显著正向影响。

H3c:在线学习系统的服务质量对用户的期望确认水平有显著正向影响。

4.感知有用性

以往的研究发现,用户感知有用性信念是他们对信息系统的满意度和持续使用意愿感知的关键激励因素(Bhattacherjee,2001,2008;孙建军等,2013)。因此,在在线学习的过程中,我们相信,感知有用性会影响学习者的满意度和随后的在线学习持续使用意愿。在线学习有用性的事后信念,取决于学习者使用在线学习后在多大程度上带来绩效的提升,如有助于完成工作任务、提高学生学习成绩等。而使用后满意度评估的是学习者使用在线学习的正负面或中性的体验。因使用在线学习提升绩效,将产生"正面体验";因使用在线学习降低绩效,将会产生"负面体验",并由此令用户失望。所以,提出以下假设:

H4a:用户使用在线学习的感知有用性水平,对他们的满意度有显著正向影响。

H4b：用户使用在线学习的感知有用性水平，对他们的持续使用意愿有显著正向影响。

5.期望确认

Bhattacherjee（2001）认为，用户对某项技术最初期望确认的程度，是影响他们感知有用性（使用后）信念的重要因素。此外，大量研究表明，期望确认与满意度有积极联系，因为期望被确认，意味着预期利益的实现（Bhattacherjee，2001；Limayem & Cheung，2008；Roca et al.，2006）。所以，提出如下假设：

H5a：用户对在线学习的期望确认水平，对他们的感知有用性水平有显著正向影响。

H5b：用户对在线学习的期望确认水平，对他们的满意度有显著正向影响。

6.满意度和持续使用意愿

作为信息系统持续使用理论的基础，期望确认理论认为，持续使用意愿主要由对之前运用信息系统的满意度决定（Bhattacherjee，2001，2008）。满意度是用户在使用了信息系统后对该系统的综合评价，可以是正面、负面或中性的感受，并且以往关于信息系统的研究也发现，这种评价是预测信息系统使用意向的重要指标（Larsen et al.2009；Lee，2010）。所以，提出如下假设：

H6：用户对使用在线学习的满意度水平，对他们的持续使用意愿有显著正向影响。

7.自我效能感

自我效能感是指用户对自己使用学习系统并完成学习任务的能力和信念的判断（班杜拉，2003；Roca et al.，2006；Yixiang Zhang，2012）。我们可以预测，如果用户认为自己有能力完成在线学习系统各种操作，如注册登录、搜索课程视频、下载课件、参与课程讨论等，并对在线学习有强烈的兴趣，则他们会觉得在线学习是有用的，并克服困难坚持完成学习。所以，提出以下假设：

H7：自我效能感对用户在线学习的持续使用意愿有显著正向影响。

第二节　变量测量与样本描述

一、变量测量

本研究采用问卷调查的方式进行样本数据的采集。变量的指标来源于已有文献,并作修改后使之适用于在线学习。其中信息质量、系统质量和服务质量的测量参考了 DeLone 和 McLean(1992,2003)的信息系统成功模型,以及 Rocaa 和 Chiu(2006)对E-Learning持续使用行为的研究。在线学习信息质量包括在线课程内容的丰富性、资源质量、数据格式、课程介绍、完整性和及时更新等维度;系统质量测量在线学习系统的界面、操作流程、逻辑性、超链接的准确性、稳定性和快速响应性;服务质量测量在线学习的内容可视化展示、个性化服务、问题回复、学习者与教师互动性、学习者之间的互动性等。指标测量采用 Likert7 评分法进行测度,从"非常不同意"到"非常同意"。针对信息质量、系统质量、服务质量、期望确认、感知有用性、满意度、持续使用意愿、自我效能感共 8 个变量设计了 42 个题项,经过对杭州电子科技大学的学生进行小范围前测,删除问项中所有载荷因子小于 0.50 的问项后,最终确定 38 个题项。各变量测量问项及来源如表 6-1 所示。

表 6-1　潜变量的测量及来源

潜变量	编号	测量项	来源
期望确认	CF1	我使用在线学习的经历比预期的要好	Bhattacherjee (2001;2008)
	CF2	在线学习提供的服务比我预期的还要好	
	CF3	总的来说,我对使用在线学习的大部分预期均得到证实	

续表

潜变量	编号	测量项	来源
感知 有用性	PU1	使用在线学习可以提高我的工作或学习绩效	Bhattacherjee (2001;2008)
	PU2	使用在线学习可以提高我的学习效率	
	PU3	使用在线学习增强了我学习的有效性	
	PU4	总而言之,在线学习对我来说是有用的	
满意度	SA1	我对使用在线学习的决策感到满意	Bhattacherjee (2001;2008)
	SA2	我使用在线学习的经历是愉快的	
	SA3	我使用在线学习的决策是明智的	
	SA4	总的来说,我对使用在线学习感到满意	
持续 使用 意愿	CI1	我打算继续使用在线学习,而不是停止使用	Ryan & Connell (1989), Bhattacherjee (2001,2008)
	CI2	我的意向是继续使用在线学习,而不会使用其他任何替代方法	
	CI3	如果可以,我想停止使用在线学习	
信息 质量	IQ1	在线学习系统中提供了丰富的学习资源	DeLone, McLean (1992;2003) Rocaa, Chiu (2006)
	IQ2	在线学习系统提供的学习资源质量高	
	IQ3	在线学习系统提供的学习资源的格式是合适的	
	IQ4	在线学习系统提供了详细的课程介绍	
	IQ5	在线学习系统提供的课程学习信息对我是有帮助的	
	IQ6	在线学习系统提供的课程学习信息是完整的	
	IQ7	在线学习系统中的学习信息是及时更新的	

续表

潜变量	编号	测量项	来源
系统质量	SYQ1	在线学习系统的界面很友好	DeLone, McLean (1992,2003) Rocaa, Chiu (2006)
	SYQ2	在线学习系统中按步骤完成一个任务很有逻辑性	
	SYQ3	在线学习系统中执行一个操作能够得到预期的结果	
	SYQ4	在线学习系统是稳定的	
	SYQ5	在线学习系统的响应是快速的	
服务质量	SEQ1	在线学习系统对学习资源的展示有很好的可视化效果(有视觉吸引力)	DeLone, McLean (1992,2003) Rocaa, Chiu (2006)
	SEQ2	在线学习系统对我的提问有快速的回复	
	SEQ3	在线学习系统能给我提供合适的服务	
	SEQ4	在线学习系统中我能制订个性化的学习计划	
	SEQ5	在线学习系统中在需要的时候我能与其他学习者进行交流互动	
	SEQ6	在线学习系统中在需要的时候我能与老师进行交流互动	
自我效能感	SSE1	我自信可以在在线学习系统中找到与学习相关的信息	Albert Bandura(2003)、Roca & Chiu(2006)、Chao-Min Chiu(2008)
	SSE2	我自信可以在在线学习系统中通过公告板发送信息	
	SSE3	我不知道如何通过论坛与其他学习者进行交流	
	SSE4	我自信可以在在线学习系统中与老师进行交流	
	SSE5	我自信可以在在线学习系统中下载文件	

二、样本描述

调查问卷经过前期小范围前测,进行信度效度检测后形成最终的问卷。调查对象为使用在线学习方式进行课程学习的用户。为了使研究更具一般性,本次调查没有对人口特征作特别的限定,只要有在线学习经验的用户都作为研究对象。调查问卷通过问卷星调查平台发放,为了提高数据的可靠性,采用问卷星有偿服务的形式,针对全国各地具有在线学习经验的学习者进行调查。问卷包括三个部分:学习者基本信息、在线学习使用行为、学习者对在线学习使用的感知。数据收集的时间为 10 天,共发放了 500 份问卷,实际收回312 份,有效问卷为 292 份,回收有效率为 93.55%。表 6-2 是样本描述性统计分析,主要对学习者的性别、年龄、学历、职业、学习能力认知、在线学习时间、常用在线学习设备、经常使用的在线学习平台等进行统计,以了解学习者样本的基本情况。

调查样本以女性居多,占 59.6%;年龄集中在 25~45 岁,占了总样本的84.9%;学历以本科为主,占了 83.2%;职业方面,以企事业职工为主,占了84.6%。调查样本中有 70% 以上的受访者认为自己有较强的学习能力,有71.5% 的学习者认为自己每次能坚持在线学习半个小时以上,92.5% 的学习者经常使用笔记本电脑或台式电脑进行在线学习,另分别有 47.6% 和 45.9%的学习者经常使用平板电脑和手机进行在线学习。

在学习者经常使用的在线学习平台中,"网易公开课"以 62.3% 的使用率排在第一,其次是"新浪公开课"(43.15%)和"中国大学 MOOC"学习平台(41.78%),而 Coursera、edX、Udacity 三大在线学习平台的使用率分别为18.15%、15.75%、9.93%,另外有 23.63% 的学习者经常使用单位或学校自建的在线学习平台。

此外,对学习者在线学习的经历作了调查。在"你参加在线学习时,是否有坚持学完一门课的经历?"的问题中,有 254 名(86.99%)受访者表示曾经坚持学完一门课,而在"如果你曾经坚持学完一门在线课程,你觉得主要的原因是?"的问题中,有 59.93% 的受访者是"因为工作需要",56.85% 是"因为对课程内容有兴趣",53.77% 的学习者是"想掌握一种新的学习方法"。在"如果你没能坚持学完一门在线课程,你觉得可能的原因是?"的问题中,有 45.21% 的学习者认为是"不能在规定的时间参加在线学习",38.7% 的学习者认为是"遇到问题无法与老师进行面对面的交流"或者"没有一起学习的同伴,感觉孤独"。此外,没有学习目标、对内容不感兴趣、缺乏在线学习经验和技巧也是学习者认为在线学习失败的可能原因。

表 6-2　样本描述性统计

统计变量		人数	百分比（%）	统计变量		人数	百分比（%）
性别	男	118	40.4	在线学习时间（每次坚持）	15 分钟以下	2	0.7
	女	174	59.6		16～30 分钟	81	27.7
年龄	18 岁以下	0	0.0		31～60 分钟	165	56.5
	18～24 岁	43	14.7		1～2 个小时	41	14.0
	25～30 岁	146	50.0		2 个小时以上	3	1.0
	31～45 岁	102	34.9	常用的在线学习设备	手机	134	45.9
	46～55 岁	1	0.3		笔记本/台式电脑	270	92.5
	55 岁以上	0	0.0		平板电脑	139	47.6
学历	高中及以下	2	0.7		MP3/MP4	19	6.51
	大专	12	4.1		电视	9	3.1
	本科	243	83.2	经常使用的在线学习平台	网易公开课	182	62.3
	硕士研究生	34	11.6		中国大学 MOOC	122	41.78
	博士研究生	1	0.3		新浪公开课	126	43.15
职业	中学生	0	0.0		搜狐名校公开课	69	23.63
	大学生	20	6.8		Coursera 在线学习平台	53	18.15
	企业员工	209	71.6		edX 在线学习平台	46	15.75
	事业单位员工	38	13.0		Udacity 在线学习平台	29	9.93
	教师	14	4.8		学堂在线	47	16.1
	公务员	8	2.7		单位自建学习平台	69	23.63
	其他	3	1.0	没能坚持学完在线课程的可能原因	不能在规定的时间参加在线学习	132	45.21
学习能力认知	很强	31	10.6		遇到问题无法与老师进行面对面的交流	113	38.7
	比较强	176	60.3		缺乏一起学习的同伴，感觉孤独	113	38.7
	一般	75	25.7		没有特定的学习目标	108	36.99
	不好	8	2.7		对内容不感兴趣	107	36.64
	很不好	2	0.7		缺乏在线学习的经验和技巧	94	32.14

第三节　数据分析

一、信度分析

使用 SPSS 18.0 软件的可靠性分析对所有观察变量一致性进行检验,提取各变量的 Crobach's Alpha 系数。李怀祖(2004)认为,对于被测变量,量表的 Crobach's Alpha 系数值高于 0.70 即说明该量表具有相当程度的信度。本研究中,各变量的 Crobach's Alpha 系数分别为:期望确认(0.748)、感知有用性(0.905)、满意度(0.918)、持续使用意愿(0.816)、信息质量(0.751)、系统质量(0.787)、服务质量(0.800)、自我效能感(0.715),Crobach's Alpha 值均大于 0.70,说明测量量表具有相当程度的信度,量表通过一致性检验,适宜进行进一步的分析。

二、效度分析

效度分析主要测量问卷的建构效度。建构效度是指测量工具所能测量的理论概念或特质的程度。可以采用因子分析的方法,以因子负荷量、累积方差解释量(因子负荷量的平方)和 KMO 等数值作为建构效度的评判依据。根据学者 Tabachnick 与 Fidell(2007)的建议,选择因子负荷量均大于 0.55、累积方差解释量大于 30% 作为参考依据。在 KMO 取值方面,根据 Kaiser(1974)的建议,选择 0.7 的 KMO 评价依据。

利用 SPSS 18.0 中的因子分析功能来获取观察变量的因子载荷、累积方差解释量以及 KMO 数值。首先对单个潜变量进行因子分析,得到 KMO 值和单个因子的累积方差解释量;其次将所有观察变量一起作因子分析,提取交叉因子载荷。表 6-3 是因子分析的结果。从表中可以看出,各变量的 KMO 值均大于 0.7;从因子负荷量和解释的变异量上看,所有问卷题项的因子负荷量大于 0.55、解释变异量大于 30%,且有很高的显著性水平 (Sig. = 0.000)。通过对整体问项的因子分析,采用最大轴旋转和主成分分析,样本共抽取出 8 个因子,近似卡方值为 2832.775,解释了 59.87% 的方差,整体 KMO 值为

0.936，且有很高的显著性水平（Sig.＝0.000），说明问卷各变量都有良好的收敛效度和区分效度。

表 6-3　因子分析结果

指标	1	2	3	4	5	6	7	8
IQ1	**0.615**	0.261	0.134	−0.030	0.042	0.068	0.177	−0.017
IQ2	**0.708**	0.213	0.300	0.236	−0.066	0.037	0.245	0.051
IQ3	**0.573**	0.217	0.108	0.180	0.276	0.274	−0.274	0.014
IQ4	**0.560**	0.113	0.245	0.029	0.066	0.016	0.107	0.143
IQ5	**0.564**	0.271	0.149	0.119	0.190	0.164	0.076	0.019
IQ6	**0.703**	0.187	0.454	−0.031	0.467	0.128	0.140	−0.037
IQ7	**0.715**	0.263	0.481	0.312	0.147	0.227	−0.036	−0.040
SYQ1	0.184	**0.665**	0.097	0.263	0.041	0.423	0.111	−0.127
SYQ2	0.078	**0.582**	0.187	0.317	0.342	0.234	0.130	0.013
SYQ3	0.209	**0.691**	0.250	−0.103	0.404	0.002	0.127	0.019
SYQ4	0.251	**0.687**	0.169	0.121	0.221	0.292	0.005	−0.037
SYQ5	0.123	**0.705**	0.251	0.172	0.261	−0.002	−0.074	−0.013
SEQ1	0.226	0.145	**0.650**	0.368	0.042	0.098	0.155	0.122
SEQ2	0.293	−0.011	**0.747**	0.438	0.221	0.061	0.038	−0.073
SEQ3	0.257	0.179	**0.648**	0.155	0.143	0.263	0.051	0.102
SEQ4	0.034	0.151	**0.639**	0.305	0.355	0.131	0.143	−0.174
SEQ5	0.237	0.090	**0.768**	0.273	0.203	0.010	0.283	0.053
SEQ6	0.311	0.081	**0.786**	0.305	0.305	0.023	−0.018	0.127
CF1	0.348	0.310	0.159	**0.920**	0.119	0.024	0.128	0.050
CF2	0.487	0.119	0.270	**0.884**	0.052	0.146	0.012	−0.167
CF3	0.110	0.312	0.102	**0.898**	0.249	0.197	0.002	0.050
PU1	0.119	0.142	0.086	0.086	**0.885**	0.056	0.293	0.134
PU2	0.284	0.006	0.349	−0.059	**0.876**	0.177	0.233	0.088
PU3	0.357	0.116	0.131	0.127	**0.871**	0.176	0.110	0.066

续表

指标	1	2	3	4	5	6	7	8
PU4	0.120	0.256	−0.006	0.273	**0.898**	0.195	0.334	0.146
SA1	0.375	0.245	0.063	0.116	0.020	**0.902**	0.009	0.058
SA2	0.090	0.050	0.400	0.117	0.053	**0.881**	0.154	−0.130
SA3	0.207	0.092	0.261	−0.030	0.160	**0.890**	−0.024	−0.084
SA4	0.191	0.172	0.171	0.223	0.047	**0.912**	0.012	0.013
CI1	0.191	0.172	0.171	0.223	0.047	0.012	**0.905**	0.013
CI2	0.243	0.372	0.086	0.193	0.139	0.198	**0.850**	0.262
CI3	0.351	0.084	0.323	0.173	0.118	0.088	**0.832**	0.114
SSE1	0.132	0.159	0.115	0.092	0.112	0.039	0.148	**0.675**
SSE2	0.046	0.294	0.178	0.052	0.194	−0.032	−0.061	**0.656**
SSE3	−0.019	0.058	0.059	−0.095	−0.039	−0.016	−0.093	**0.823**
SSE4	0.241	−0.039	0.303	0.231	0.038	−0.033	0.061	**0.686**
SSE5	0.101	0.245	0.159	0.077	0.149	0.177	−0.008	**0.646**
KMO	0.822	0.735	0.841	0.775	0.763	0.772	0.789	0.706
累积方差解释量(%) 单因子	40.32	44.55	50.25	81.12	77.89	80.28	74.42	45.76
累积方差解释量(%) 交叉	36.19	41.15	44.96	48.37	51.43	54.34	57.23	59.87

三、回归分析

根据前文研究模型中各变量之间的假设关系,分别以感知有用性(自变量:期望确认、信息质量、系统质量、服务质量)、期望确认(自变量:信息质量、系统质量、服务质量)、满意度(自变量:感知有用性、期望确认、信息质量、系统质量、服务质量)和持续使用意愿(自变量:感知有用性、满意度、自我效能感)作为因变量进行回归分析。多元回归分析首先需进行共线性诊断,使用多元线性回归中的容差(Tolerance)、方差膨胀系数(VIF)、条件索引(CI)、特征值以及方差比例等参数进行判断(吴明隆,2010)。回归分析的结果如表6-4和

表 6-5 所示。表 6-4 是回归模型的共线性诊断的结果,表 6-5 是回归系数和显著性以及各模型所能解释的因变量的方差变异量。接下来首先对各模型的共线性问题进行分析,然后通过各回归模型的标准化系数及显著性来分析自变量对因变量的影响。

　　1. 共线性诊断

　　表 6-4 分别是感知有用性、期望确认、满意度和持续使用意愿四个变量作为因变量进行回归分析的共线性诊断的结果,包括容差、方差膨胀系数、条件索引、特征值以及方差比例数据。

　　感知有用性作为因变量时,自变量分别为信息质量、系统质量、服务质量、期望确认。从共线性诊断的结果上看,各变量的容差在 0.287~0.609 范围,偏离 0 有较远的距离;VIF 值在 2~4 范围,远小于 10;CI 值在 1~5 范围,远小于 15;特征值在 0.239~1 范围,均远大于 0.01;从方差比例上看,各回归系数方差值在同一个 CI 值上没有两个或多个同时大于 0.5 的情况,因此各自变量间不存在明显的共线性问题。同理,期望确认、满意度、持续使用意愿三个回归模型的共线性数据中也反映了各自变量之间均不存在共线性问题。

表 6-4　共线性诊断

模型	维数	特征值	条件索引	容差	方差膨胀系数	方差比例							
						IQ	SYQ	SEQ	CF	PI	PU	SA	SSE
PU	1	3.796	1.000			0.02	0.02	0.02	0.02	0.02			
	2	1.000	1.948	0.295	3.389	0.00	0.00	0.00	0.00	0.00			
	3	0.412	3.037	0.366	2.733	0.00	0.36	0.00	0.00	0.60			
	4	0.325	3.415	0.333	3.007	0.20	0.13	0.21	0.41	0.10			
	5	0.254	3.869	0.347	2.881	0.01	0.01	0.76	0.42	0.04			
CF	1	2.451	1.000			0.05	0.05	0.06					
	2	1.000	1.565	0.389	2.574	0.00	0.00	0.00					
	3	0.310	2.814	0.420	2.380	0.03	0.46	0.82					
	4	0.240	3.197	0.350	2.857	0.72	0.48	0.12					

续表

模型	维数	特征值	条件索引	容差	方差膨胀系数	方差比例							
						IQ	SYQ	SEQ	CF	PI	PU	SA	SSE
SA	1	4.463	1.000			0.01	0.01	0.01	0.01	0.01	0.01		
	2	1.000	2.113	0.287	3.490	0.00	0.00	0.00	0.00	0.00	0.00		
	3	0.448	3.155	0.366	2.735	0.03	0.40	0.00	0.19	0.20	0.00		
	4	0.355	3.544	0.327	3.054	0.09	0.00	0.01	0.20	0.50	0.21		
	5	0.290	3.921	0.306	3.265	0.10	0.07	0.67	0.28	0.01	0.02		
	6	0.239	4.320	0.366	2.732	0.16	0.06	0.28	0.17	0.20	0.50		
CI	1	2.919	1.000							0.04	0.04	0.03	0.04
	2	1.000	1.709	0.398	2.512					0.00	0.00	0.00	0.00
	3	0.511	2.390	0.362	2.762					0.03	0.05	0.08	0.64
	4	0.318	3.032	0.400	2.497					0.59	0.37	0.00	0.00
	5	0.252	3.403	0.609	1.643					0.25	0.35	0.69	0.02

表 6-5　回归系数及显著性

模型		R^2	调整 R^2	非标准化系数		标准系数	t	Sig.
				p	标准误差			
PU	IQ	0.613	0.608	0.265	0.066	0.265	4.063	0.000
	SYQ			0.027	0.059	0.027	0.461	0.549
	SEQ			0.180	0.062	0.180	2.967	0.003
	CF			0.415	0.061	0.415	7.018	0.000
CF	IQ	0.638	0.634	0.231	0.060	0.231	3.848	0.000
	SYQ			0.237	0.057	0.237	4.171	0.000
	SEQ			0.414	0.055	0.414	7.563	0.000

续表

模型		R^2	调整 R^2	非标准化系数		标准系数	t	Sig.
				p	标准误差			
SA	IQ	0.697	0.693	0.051	0.058	0.051	0.877	0.381
	SYQ			0.035	0.051	0.035	0.675	0.500
	SEQ			0.195	0.054	0.195	3.824	0.000
	CF			0.458	0.056	0.458	8.288	0.000
	PU			0.262	0.051	0.262	5.202	0.000
CI	PU	0.615	0.612	0.348	0.064	0.348	5.225	0.000
	SA			0.189	0.067	0.189	2.870	0.004
	SSE			0.240	0.052	0.240	4.429	0.000

2.回归模型及显著性分析

表6-5是感知有用性、期望确认、满意度、持续使用意愿四个因变量多元回归模型的标准化系数及显著性。下面将分别对四个模型进行分析。

(1)感知有用性的回归模型

在感知有用性的回归模型中,四个自变量分别是信息质量、系统质量、服务质量、期望确认。回归分析结果显示,在线学习系统的信息质量($p=0.265,t=4.063$,Sig. $=0.000$)和服务质量($p=0.180,t=2.967$,Sig. $=0.003$)对用户的感知有用性有显著正向影响,而系统质量对感知有用性的影响不显著($p=0.027,t=0.461$,Sig. $=0.549$)。为了进一步了解原因,调整变量进入回归模型的顺序,让系统质量最先进入模型,然后是服务质量和信息质量。结果显示,只有当服务质量和信息质量均进入模型时,系统质量对感知有用性的影响才不显著,这说明对用户来说,在线学习系统的具体课程内容和相应的课程服务对用户更为有用,而系统质量虽然对用户有用,但会被信息质量和服务质量弱化。此外,期望确认($p=0.415,t=7.018$,Sig. $=0.000$)对感知有用性有显著正向影响。模型中信息质量、系统质量、服务质量、期望确认四个变量共解释了60.8%的感知有用性的方差变异。

(2)期望确认的回归模型

期望确认的三个自变量分别是信息质量、服务质量和系统质量。从结果上看,在线学习系统的信息质量($p=0.231,t=3.848$,Sig. $=0.000$)、系统质量（$p=0.237, t=4.171,$ Sig. $=0.000$）、服务质量（$p=0.414, t=7.563,$ Sig. $=0.000$）对用户的期望确认均有显著正向影响。这说明在线学习系统的信息质量、系统质量和服务质量的提高均能提高用户期望确认的水平。此外，信息质量、系统质量、服务质量三个变量共解释了 63.4% 的期望确认方差变异。

（3）满意度的回归模型

根据模型的假设，有可能对满意度产生影响的变量主要有在线学习的信息质量、系统质量和服务质量，以及用户使用在线学习后的感知有用性和期望确认两个变量。回归分析结果显示期望确认（$p=0.458, t=8.288,$ Sig. $=0.000$）和感知有用性（$p=0.262, t=5.202,$ Sig. $=0.000$）两个变量对满意度有显著正向影响。在线学习的三个质量因素中，只有服务质量（$p=0.195, t=3.824,$ Sig. $=0.000$）对满意度有显著正向影响，而信息质量（$p=0.051, t=0.877,$ Sig. $=0.381$）和系统质量（$p=0.035, t=0.675,$ Sig. $=0.500$）对满意度的影响均没有达到显著水平。进一步以信息质量、服务质量和系统质量三个变量作为满意度的自变量，不考虑期望确认和感知有用性的影响，结果显示，信息质量对满意度的影响也具有显著水平。而将感知有用性或期望确认两个自变量纳入到满意度的回归模型后，信息质量和系统质量对满意度的影响将不显著，而服务质量对满意度的影响依然显著。此外，信息质量、系统质量、服务质量、期望确认、感知有用性五个变量共同解释了 69.3% 的满意度的变异。

（4）持续使用意愿的回归模型

在持续使用意愿的回归模型中，主要考察满意度、感知有用性和自我效能感三个自变量对在线学习用户持续使用意愿的影响。结果显示满意度（$p=0.189, t=2.870,$ Sig. $=0.004$）、感知有用性（$p=0.348, t=5.225,$ Sig. $=0.000$）、自我效能感（$p=0.240, t=4.429,$ Sig. $=0.000$）对满意度的影响均达到显著性水平。三个变量共同解释了 61.2% 的持续使用意愿的方差变异。

四、路径分析

1. 模型验证

在前文回归分析的基础上，可以获得假设模型各个假设之间的路径系数和共同解释的方差（R^2）变异，如图 6-2 所示。从图中可以看出，H1b、H2a、H2b 三个假设在模型中没有得到支持，其余假设均得到了支持。模型验证的结果总结如表 6-6 所示。

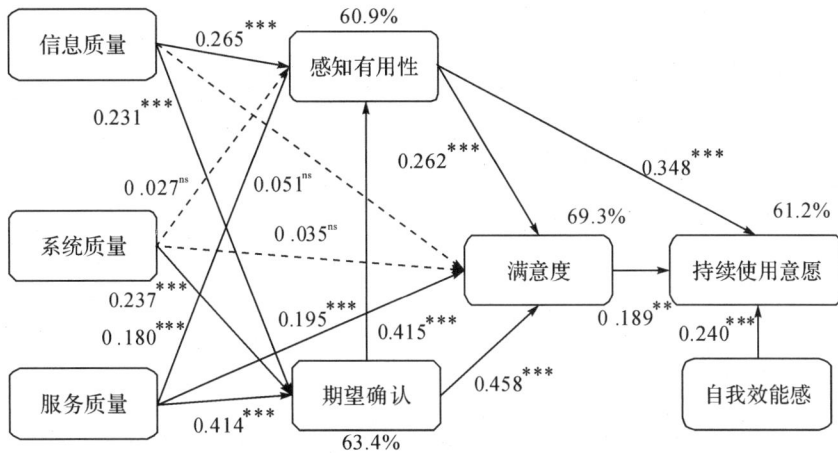

图 6-2 路径分析

表 6-6 模型验证

假设	因果路径	路径系数	显著性	检验结果
H1a	IQ→PU	0.265	0.000	支持
H1b	IQ→SA	0.051	0.381	不支持
H1c	IQ→CF	0.231	0.000	支持
H2a	SYQ→PU	0.027	0.645	不支持
H2b	SYQ→SA	0.035	0.500	不支持
H2c	SYQ→CF	0.237	0.000	支持
H3a	SEQ→PU	0.180	0.003	支持
H3b	SEQ→SA	0.195	0.000	支持
H3c	SEQ→CF	0.414	0.000	支持
H4a	PU→CI	0.348	0.000	支持
H4b	PU→SA	0.262	0.000	支持
H5a	CF→PU	0.415	0.000	支持
H5b	CF→SA	0.458	0.000	支持
H6	SA→CI	0.189	0.004	支持
H7	SSE→CI	0.240	0.000	支持

2.效果分析

效果分析是通过路径图中的路径系数分析自变量对因变量的直接、间接和总影响的效果值。通过效果分析可以了解各自变量对因变量影响的真实情况。下面分别计算自变量对感知有用性、期望确认、满意度和持续使用意愿影响的效果值。

(1)感知有用性的前因变量

感知有用性的前因变量主要有信息质量、系统质量、服务质量和期望确认。期望确认对感知有用性具有直接影响;而信息质量和服务质量除了直接影响之外,分别通过期望确认的中介效果影响感知有用性。

信息质量直接影响的效果值:0.265;间接影响的效果值:0.231×0.415=0.096;总影响效果值:0.265+0.096=0.361。

系统质量由于对感知有用性的影响不显著,因此没有直接影响。但通过期望确认的中介效果产生间接影响:0.237×0.415=0.098。

服务质量的直接影响效果值:0.180;间接影响效果值:0.414×0.415=0.172;总影响效果值:0.180+0.172=0.352。

期望确认的直接影响效果值:0.415。

因此,各自变量对感知有用性影响从大到小排序为:期望确认(0.415)、信息质量(0.361)、服务质量(0.352)、系统质量(0.098)。

(2)期望确认的前因变量

期望确认的三个前因变量对其都有显著直接影响,影响效果值分别是服务质量(0.414)、系统质量(0.237)、信息质量(0.231)。在线学习的三个质量因素中服务质量对期望确认的影响最大。

(3)满意度的前因变量

感知有用性对满意度具有直接影响,其直接影响的效果值为0.262。

期望确认对满意度的直接效果值为0.458;间接影响的效果值:0.415×0.262=0.109;期望确认对满意度的总的效果值:0.458+0.109=0.567。

信息质量分别通过感知有用性和期望确认对满意度产生影响,其影响的效果值:0.231×0.458+0.265×0.262=0.106+0.069=0.175。

系统质量通过期望确认对满意度产生间接影响,其间接影响效果值为:0.237×0.458=0.106。

服务质量对满意度的影响包括直接影响和间接影响两个部分。其直接影响效果值为0.195;间接影响效果值:0.180×0.262+0.414×0.458=0.047+

0.190＝0.237。服务质量对满意度的总的效果值为 0.195＋0.237＝0.432。

各自变量对满意度的影响从大到小依次为：期望确认(0.567)、服务质量(0.432)、感知有用性(0.262)、信息质量(0.175)、系统质量(0.106)。

(4)持续使用意愿的前因变量

持续使用意愿的影响因素包括内因变量和外因变量两个部分，内因变量为感知有用性、期望确认和满意度，外因变量主要有信息质量、服务质量、自我效能感。

自我效能感对持续使用意愿有直接影响，其直接效果值为 0.240。

满意度的直接影响效果值：0.189。

感知有用性对持续使用意愿的直接影响效果值为 0.348；间接影响效果值为：0.262×0.189＝0.050；总影响效果值为：0.348＋0.050＝0.398。

期望确认主要通过感知有用性和满意度对持续使用意愿产生间接影响，其间接影响效果值 1 为：0.458×0.189＝0.087；间接影响效果值 2 为：0.415×0.348＝0.144；间接影响效果值 3 为：0.415×0.262×0.189＝0.021；总影响效果值＝0.087＋0.144＋0.021＝0.262。

信息质量对持续使用意愿的间接影响效果值 1 为：0.231×0.458×0.189＝0.020；间接影响效果值 2 为：0.265×0.262×0.189＝0.013；间接影响效果值 3 为：0.265×0.348＝0.092；总影响效果值为：0.020＋0.013＋0.092＝0.125。

系统质量对持续使用意愿的间接影响效果值 1 为：0.237×0.458×0.189＝0.021；间接影响效果值 2 为：0.237×0.415×0.348＝0.034；间接影响效果值 3 为：0.237×0.415×0.262＝0.026；总的影响效果值为 0.081。

服务质量对持续使用意愿的间接影响效果值 1 为：0.180×0.348＝0.063；间接影响效果值 2 为：0.180×0.262×0.189＝0.009；间接影响效果值 3 为：0.195×0.189＝0.037；间接影响效果值 4 为：0.414×0.485×0.189＝0.038；总的影响效果值为 0.147。

综合以上计算，各自变量对持续使用意愿影响的大小依次为：感知有用性(0.398)、期望确认(0.262)、满意度(0.189)、服务质量(0.147)、信息质量(0.125)、自我效能感(0.240)、系统质量(0.081)。

第四节　本章总结与讨论

本研究基于期望确认模型,以在线学习的信息质量、服务质量和系统质量为前因变量,分析了在线学习的功能与服务对在线学习用户满意度和持续使用意愿的影响。针对研究模型提出的假设,通过测量检验和模型的验证,除了H1b、H2a、H2b 三个假设未得到支持外,其余假设均得到了支持。下面对研究结果进行总结与讨论。

1. 研究模型的解释力

在上一章基于 ECM 的 E-Learning 用户持续使用意愿的研究中,感知有用性、满意度和持续使用意愿的累积方差解释量分别为 38.7%、66.7%、58.1%。在本研究中,将在线学习的信息质量、系统质量和服务质量作为模型的前因变量,结果显示研究模型对各因变量的解释力均有不同程度的提高。第一,在线学习的信息质量、服务质量和期望确认共同解释了 60.9% 的感知有用性方差变异,解释力有了大幅度的提高,这从一定程度反映了在线学习系统的课程内容质量以及所提供的个性化学习服务对用户的有用性的感知的重要性;第二,服务质量、感知有用性和期望确认共同解释了 69.3% 的满意度的方差变异,而信息质量和系统质量由于对满意度的直接影响不显著,所以在满意度的解释力中没有贡献;第三,满意度、感知有用性和自我效能感对持续使用意愿有显著影响,并共同解释了 61.2% 的持续使用意愿的方差变异,较上一章的 58.1% 有了小幅度的提高,其中自我效能感有一定的贡献;第四,在线学习的信息质量、系统质量和服务质量共同解释了 63.4% 的期望确认的方差变异。

2. 在线学习信息质量的影响

研究显示,信息质量对在线学习用户的感知有用性和期望确认有显著的直接影响,并通过中介变量对满意度和持续使用意愿产生间接影响。这说明在线学习用户如果感知到在线学习的课程内容丰富、品质高且更新及时,并能通过课程介绍对感兴趣的内容有详细的了解,则他们会认为在线学习课程对他们是有用的(Lee et al.,2009;Liu et al.,2010),并且他们对在线学习系统的期望也得到了确认(Roca et al.,2006)。此外,在线学习的课程内容对他们有用,则他们会进一步去使用在线学习系统。因此,在线学习服务提供者应专注于开发更多高质量的课程内容,满足学习者的需求,从而吸引更多的学习者持续使用在线学习系统。

3.在线学习系统质量的影响

系统质量对期望确认有显著直接影响,并通过期望确认的中介作用对感知有用性、满意度和持续使用意愿产生间接影响。研究同时显示,系统质量对感知有用性和满意度的直接影响并不显著。这说明在线学习的系统质量对学习者的期望确认有一定的影响作用,但学习者并不认为在线学习系统的操作界面跳转的准确性、稳定性和快速响应性对其学习有促进作用,也即学习者对系统质量对其学习影响的敏感度不高。这有可能从一定程度上反映了在线学习系统的稳定性较高,学习者并未因为系统的不稳定或操作流程的混乱而影响其学习的过程和效果。

4.在线学习服务质量的影响

在线学习服务质量对学习者感知有用性、满意度和期望确认都有显著影响,并通过满意度和感知有用性的中介作用影响学习者的持续使用意愿。这说明在线学习的个性化服务、及时的问题回复、良好的学习互动性会让学习者感知在线学习对其学习有促进作用(Lee,2010),并确认他们对在线学习使用的期望(Roca et al.,2006)。特别是在一个虚拟学习环境中,教师的及时回复、学习过程中的互动性能让学习者感知到其学习过程不是孤立无助的,这种在情感上的关注及相关的支持会提高他们对在线学习的满意度和持续使用意愿。

5.自我效能感的影响

研究结果显示,学习者的自我效能感对在线学习持续使用意愿有显著的影响。这就说明如果学习者自信具有在线学习的数字化素养和能力,在学习过程中可以找到课程内容的相关信息,如视频、课程、内容介绍等,并且能通过在线论坛与其他学习者进行互动交流,掌握与教师互动的相关技术与方法,则他们会有更高的持续学习的意愿。而学习者的数字化素养和能力可以通过相关的培训得以提高。在线学习服务提供者可以针对学习者提供一定的在线学习系统操作以及学习方法等方面的技术支持,以提高学习者的忠诚度与黏性。

第七章

基于 SDT 的高校教师E-Learning 持续使用意愿研究

目前,电子讲义、PPT等数字化方法仍是高校教师最常用的辅助授课方式。但随着信息技术的快速发展,很多学校已开始投入资源建设E-Learning系统或称为网络教学平台,并以此支持传统教学,期望教师能使用这种基于网络技术的E-Learning系统传送、管理教学资料,利用新的沟通渠道与学生互动,并促使学生进行网络协作化学习。在传统面对面授课中使用网络学习技术的优势在于,教师可以支持学生依托E-Learning系统进行随时随地学习,从而提高了学习的灵活性。然而,教师在教学活动中使用E-Learning意味着教学模式的"变革",这种"变革"需要教师有更多的投入。因此,教师在传统教学活动中使用E-Learning系统只是存在某种"可能性",教师是否会真正使用还要取决于他们的意愿。从长远来看,教师们运用E-Learning技术的意愿,对E-Learning技术真正发挥作用促进教学尤为重要。对此,Bhattacherjee(2001)也强调,一个信息系统的最终成功,要取决于对它的持续使用,而非首次使用。

在高等学校中,教师们使用E-Learning系统的意愿对E-Learning系统作用的发挥有重要的意义(路兴,赵国栋,等,2011)。教师对E-Learning的认识以及相关行为,对学生运用E-Learning会有重要的影响,这点在以往的研究中已被证实(Mahdizadeh et al.,2008)。因此,我们有理由相信,教师如果在初次使用了E-Learning系统之后,无意继续使用,则可能会影响学生的

E-Learning行为。由此可见,持续使用意愿是很重要的指标,它预示教师在初始接受后是否有意愿持续使用 E-Learning 系统。这个观点在以前的E-Learning研究中也得到了支持。以往研究结果表明,持续使用行为是预测E-Learning系统成功与否的一个重要影响因素(Hung et al.,2011;Chiao-Chen Chang,2013;Yung-Ming Cheng,2014)。

此外,Shee 和 Wang（2008）的研究发现,E-Learning系统与一般的信息系统不同,是一个高度面向用户的系统,其关注的重点是内容,以及如何呈现内容。普通信息系统为个人用户带来绩效,而E-Learning是基于教师和学习者之间的合作。教师使用E-Learning系统,可能需要更长的时间才会有成果。因此,E-Learning系统被认为更适合做持续使用行为的研究。在本章中,我们将对影响高校教师E-Learning持续使用意愿的因素进行讨论。研究的目标是:①通过教师成功使用E-Learning系统的归因分析,找到关键影响因素;②通过纳入自我决定理论和信息系统成功模型,扩展期望确认理论模型;③理解教师持续使用E-Learning系统的决定因素。

本章的研究路径如下:

(1)首先对本研究所涉及的相关理论背景进行阐述;

(2)基于归因理论对教师成功使用E-Learning的影响因素进行归因分析,并对因素进行分类整理,形成因子,为后续的模型研究建立基础;

(3)纳入相关变量对期望确认模型进行扩展,构建教师持续使用E-Learning的假设研究模型;

(4)通过问卷设计、数据收集对研究模型进行测量模型和结构模型的验证;

(5)对研究结果进行总结与讨论。

第一节　理论背景与模型假设

一、理论背景

1. 期望确认模型

期望确认模型(ECM)是由 Bhattacherjee(2001)在消费者行为理论中的期望确认理论(ECT)改编而来,以探索用户使用信息系统的持续意向。期望确认理论(ECT)和期望确认模型(ECM)均假定,在解释信息系统的用户持续使用行为方面,满意度扮演着核心角色。然而,研究发现,用户满意度和信息系统持续使用之间的关系也存在一定的不确定性(Bokhari,2005)。例如,在某些信息系统产品使用中,用户满意度很高,而产品所占的市场份额却在下降(Eggert & Ulaga,2002)。此外,人们的研究也发现,如果用户只有一个选择,而且是一个必需品,用户即使有一系列不满意的经历,他们对产品满意度的打分也可能保持较高水平(Weiner,2000)。而期望确认模型尽管试图解释"为什么有些用户在已经接受信息系统的情况下会停止使用"(Bhattacherjee,2001),还是很难解释用户在使用信息系统后感到满意的情况下,为何仍要停止使用(Hung,Hwang & Hsieh,2007)。期望确认模型是基于外在动机(如感知有用性、用户满意度),忽略了用户的内在动机。因此,为解释信息系统的持续使用意愿,期望确认模型需要进行理论的扩展和补充(Gulli & Kristiansen,2009;Wu et al.,2006)。

2.因果归因

因果归因的概念是源自1958年提出的归因理论。对之感兴趣的有社会心理学家、认知心理学家、临床心理学家、人格心理学家和教育心理学家。在消费者心理学领域主要用于对消费者购买行为的评估(Weiner,2000),归因理论视购买行为是由消费者对行为评估所产生的结果(如良性购买和糟糕购买),然后引出因果推论(Oliver & DeSarbo,1988)。

归因用来说明为什么一个人相信一个事件发生,并提供决策和行动的动机(Karsten,2002)。归因被视为个体认知和满意度的决定因素(Oliver,1993),侧重于解释"特定事件、状态或结果的发生和现象之间的因果关系"(Weiner,2000)。因果归因与期望确认并不冲突,而是期望确认范式的补充(Oliver & DeSarbo,1988)。归因理论有助于洞察人们拒绝IT技术的原因,失败的信息系统,以及对信息系统的反应(Karsten,2002)。Russell(1982)认为成功的因果归因是内在的、稳定的、可控的。Weiner(2000)发现,无论结果是积极或消极,消费者都会达成一个关于购买结果的归因结论,而这个结论势必会影响随后的消费者行为。

3.自我决定理论

自我决定理论(Self-Determination Theory,SDT)是由Deci和Ryan提出的动机心理学理论,其核心是内外在动机和决定内外在动机的基本心理需求(Gagné & Deci,2005)。在该理论中,动机是指进行某项特定活动的原因,动机因自我决定的差异而形成一个连续体,连续体的两端分别是无动机(即非自我决定)和内在动机(自我决定)。而在连续体的中间是外在动机,其类型受四个调节机制(也即是从事活动的原因)的调节。如人们从事某项活动的原因可能是外在的(例如奖励)、内投的(例如避免羞辱)、认同的(例如个人认为重要的,并赋予价值)或整合的(例如完全出于意志的),而认同的和整合的调节趋向于内在动机,也即是外在动机的内化。自我决定理论认为,是否采用内在动机或者内化为自我决定类型的外在动机,取决于三项基本心理需求的满足状况:自主性需求、能力需求和关系性需求(Roca & Gagné,2008)。自主性需求是指渴望自我发展并自我管理自身行为的需要(Gagné & Deci,2005);能力需求是指渴望在获得重要成果时感到是有影响力的或者是具有控制力的(Gagné & Deci,2005);关系性需求是指渴望与他人具有相属感,或者与他们保持相关性的需要(Gagné & Deci,2005)。依据自我决定理论,个体在进行诸多行为时,三项基本需求必须得到满足,但由此而产生的行为因人而异,在不同文化里有不同表现。但无论是何种情况,无论在哪种文化里,满意度对于个人的健康发展和幸福感都至关重要(Deci & Ryan,2000)。

4. 信息系统成功模型

DeLone 和 McLean 在 1992 年提出了信息系统成功模型。模型从信息质量和系统质量两个维度来评价用户对信息系统的使用意愿和满意度的感受,以及所产生的个人和组织的影响,而这些对个人的感知和组织影响的结果可以反映出信息系统的整体质量。其中系统质量是指信息系统的易用性、稳定性、功能性、数据质量和可维护性等特征(DeLone,McLean,1992;Seddon,1997);信息质量是指信息系统所产生的信息的准确性、时效性、关联性和完整性等特征(DeLone,McLean,1992)。在之后的研究中,DeLone 和 McLean(2003)又在原模型的基础上加入了服务质量变量。在 DeLone 和 McLean 的研究中服务质量和系统质量对用户满意度有显著影响,而满意度又会影响用户的使用意愿,这里的使用意愿与信息系统持续使用理论中的持续使用意愿类似。由此可以看出,DeLone 和 McLean 的信息系统成功模型与 Bhattacherjee(2001)提出的信息系统持续使用理论之间存在一定联系。也即信息系统的质量可能会影响用户的满意度和持续使用意愿。

5. E-Learning 及相关研究

尽管学者对于 E-Learning 有不同的解释,在本研究中指的是高等学校中教师或学生利用 E-Learning 平台辅助教与学。此处的 E-Learning 平台指的是学习管理系统(Learning Management System, LMS),如 Moodle、Blackboard、Sakai、清华网络教学综合平台等。教师可以将自己的教学资料如教学大纲、教学日程安排、教学 PPT 课件、音视频资料通过 Internet、Extranet 等网络技术上传到 E-Learning 平台上,学生可以在线或离线进行学习,还可以通过网络进行答疑、交作业、测试、交流互动等。基于 E-Learning 平台的教学模式,互联网是课堂讨论和活动的传输媒介。借助互联网,学习者可以有更大的灵活性和便利性,访问所需信息。Rosenberg(2001)描述了在线学习的好处:①降低成本;②更可靠地获得新信息;③"即时"的学习方法;④建立社区;⑤为学习者提供越来越有价值的服务。Buckley(2003)发现,传统教室里的学生和课堂上有网络支持的学生,他们的考试成绩和课程得分并没有不同。这一发现意味着,网络学习可以提供相同的结果,并且增加了在线授课和获取资源的灵活性和便利性。

在 E-Learning 教学环境中,通常认为,学习者可以自己判断其所需的材料、时间或者学习的步伐。这意味着 E-Learning 系统的目的是为了灵活满足学习者的需求。然而,在各种 E-Learning 系统中,并非所有的工具都是必需的。有许多因素可能导致师生不满,诸如缺乏线索,缺乏面对面的交流,非语言沟通,网络连接问题等(Buckley,2003)。此外,教师的角色(即认知、情感和管理方面),可能会影响学生的学习成果,如今却可以通过改变教学模式而得到改观(Coppola et al., 2002)。由于 E-Learning 系统的内容必须由教师提供,理解教师持续行为的决定因素,将会有助于洞察各种学习工具的学习效果和适当性(Clarebout & Elen,2006)。

Castro Sánchez 和 Elena(2011)发现,教师对教学策略和工作量的改变有怎样的认知,将会影响他们网络学习的应用,因为老师需要投入额外的努力来创建数字教材。因此,教师的自我效能感会影响他们对工作量的看法。Sun,Tsai,Finger,Chen 和 Yeh(2008)总结认为,除自我效能之外,影响用户使用网络的因素还包括年龄、性别、经验、用户的性情(维护者、理想主义者、工匠精神和理性)、学术能力倾向、认知信念、教学风格和认知模式等等。

在 E-Learning 的相关研究方面,Chiu 和 Chiu 等(2007)利用信息系统成功理论(DeLone & McLean,2003)和公平理论(Lind,Kulik,Ambrose & Deverapark,1993)里的变量,对信息系统持续使用理论加以补充。结果证明无论是来自信息系统成功理论的变量,还是公平理论的变量,对用户

E-Learning满意度和持续使用意愿的形成都有重要的意义。

Wen-Shan Lin 和 Chun-Hsien Wang(2012)在E-Learning持续使用的研究中,引入信息系统成功模型和任务—技术匹配理论,对信息系统持续使用理论进行了扩展。他们将信息质量、系统质量和服务质量三个因子引入模型中,并证实了三个因素对大学生使用E-Learning系统的期望确认和满意度均有重要影响。Roca 和 Gagné(2008)等学者将自我决定理论引入大学生E-Learning持续使用意愿的研究,并添加了感知娱乐性变量(即内在动机),证明了自我决定理论在诠释持续使用意愿方面,对期望确认模型有补充作用。

尽管以前的学者对此类问题有所研究,但是不同的国家由于文化背景、教育制度、教学方法与教学环境之间的差异,E-Learning使用者的行为也可能存在差异。因此,本研究从国内高校教师使用E-Learning进行面对面授课的视角,引入自我决定理论和信息系统成功模型中的变量,对信息系统持续使用理论模型进行修正与扩展,进一步讨论教师的内在动机对其E-Learning持续使用意愿的影响。

二、教师成功使用E-Learning的归因分析

归因理论假定,人有一种天生的需要,就是了解周围发生的事情的原因。改变事件的归因会影响个体的内在动机和情绪,以及后续的行为(Johnston & Kim,1994)。为了确定成功的 E-Learning 系统的具体因果归因,根据 Johnston 和 Kim(1994)提出的归因研究流程,并参考了 Ming-Chien Hung 等(2011)的研究,开发了一个因果归因量表。初始量表共有 36 个问项,以开放式问卷的形式,对笔者所在地区的 15 位高校教师进行访谈及问卷调查,了解他们成功使用E-Learning系统的经验和想法。根据这些教师的访谈结果,对问项的措辞阐述进行修缮,并将 36 个问项修改为 32 个问项。在此基础上进行问卷设计,并对具有E-Learning使用经验的老师进行问卷调查,具体问卷请参考附录三。我们通过纸质问卷、邮件、微信以及 QQ 等方式发送调查问卷,问卷共发放了 95 份,共收回有效问卷 62 份,回收有效率达到 65.26%。通过对样本数据进行信度分析,得到 Cronbach's Alpha 值为 0.847;在因子分析中删除载荷因子小于 0.3 的项目后,剩余 27 个问项。并通过整体问项的因子分析,采用最大轴旋转和主成分分析,样本共抽取出六个因子,分别将六个因子命名为教师能力、教师的自主性、教师兴趣、E-Learning 的效用、

E-Learning系统的功能与质量、学生因素。这六个因素将为接下来的模型研究提供依据。

三、研究模型

信息系统持续使用理论强调的是使用后对期望的确认程度和对感知有用性的信念,也即它强调教师使用E-Learning之前的期望是否被确认以及使用后对E-Learning有用性的感知。感知有用性在Davis(1989,1992)的技术接受模型中是重要的接受行为影响因素,并作为外在动机提出。另一方面,尽管外在动机在自我决定理论中是重要元素,但该理论强调的是满足基本心理需要和发展真实内在动机。由此可以看出,信息系统持续使用理论和自我决定理论既有相同因素,又有不同之处。而信息系统成功模型中的三个质量因素是影响教师持续使用E-Learning动机的可能因素。

基于以上分析,本研究参考前人研究,在期望确认模型的基础上引入自我决定理论和信息系统成功模型的相关变量,构建研究模型,如图8-1所示。模型中保留了期望确认模型中的感知有用性、期望确认、满意度和持续使用意愿四个变量。感知自主性和感知能力来源于自我决定理论的基本心理需求理论,系统质量和服务质量来源于信息系统成功模型。模型去掉了基本心理需求理论中的关系性需求,因为现有研究证明,关系性需求对E-Learning持续使用意愿的影响并不显著。

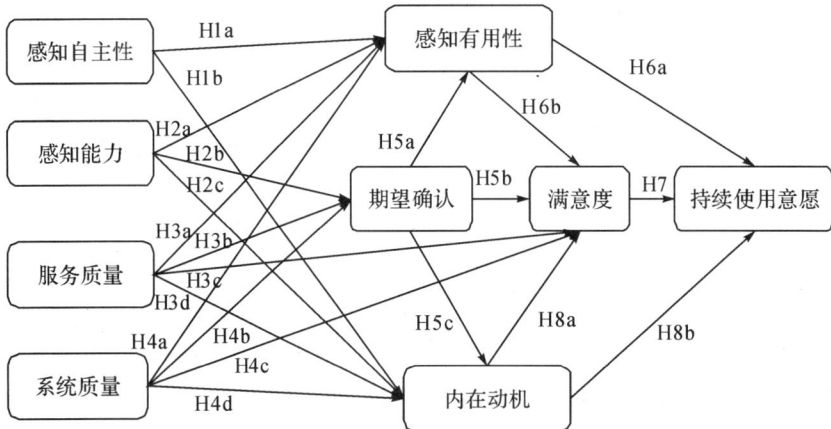

图 7-1 本章研究模型

四、研究假设

1.感知自主性

感知自主性是教师在使用 E-Learning 时,渴望自主选择 E-Learning 系统的一种内在心理需求(Gagné & Deci,2005)。通常教师在教学中使用 E-Learning 有多种选择,如选用学校建设的 E-Learning 系统,使用校外的公共 E-Learning 系统,甚至自己动手搭建一个系统。教师在教学中如何选择,体现了教师自主性的需求是否得到满足。教师渴望能自主管理和运用自己选择的 E-Learning 工具,并形成他们自己的使用风格(Deci & Ryan,1985)。自我决定理论的一个重要假设是,如果一个活动有感知自主性就会增强内外在动机的自我决定的强度。这意味着,在 E-Learning 技术的使用中,感知有用性和内在动机很有可能与使用者自主程度有正向的关联。首先我们可以预测感知自主性会影响内在动机水平。其原因是自主性刺激外在动机的内化和整合,并反过来促成真实的内在动机(Gagné & Deci,2005)。并且,我们也预测感知有用性会和教师的感知自主性有关联。其原因是感知有用性(这里是指教师使用 E-Learning 所带来的一种效用价值)被之前的研究归类为外在动机(Lee,Cheung & Chen,2005;Venkatesh,1999)。更为具体的是,Roca 和 Gagné(2008)用认同概念来描述感知有用性,因此,是一种外在动机的自主形式。与自我决定连续体一致,自主性被认为是影响动机的自主形式(即内在的和外在的),我们预测,感知自主性将会提升感知有用性水平(即类似于认同式动机)和内在动机水平(Sorebo et al.,2009)。所以,提出以下假设:

H1a:教师使用 E-Learning 时的感知自主性,对他们的感知有用性有显著正向影响。

H1b:教师使用 E-Learning 时的感知自主性,对他们的内在动机有显著正向影响。

2.感知能力

感知能力是指教师渴望在 E-Learning 使用中自己是能胜任的、有影响力的或者是具有控制力的。教师对安排学生运用 E-Learning 的能力需求,反映了教师希望在他们运用 E-Learning 工具中能发挥作用。自我决定理论认为,满足感知能力这一突出需要会影响动机水平(Deci & Ryan,1985)。原因在于,在教师对E-Learning感知能力的需要得到满足后,教师会感到有资格组织学生使用E-Learning。同样的,这种合格感有望影响动机的自主水平(即内在的和外在的)。此外,我们也可以预测具有E-Learning的运用能力,将促使教师更快捷有效地运用E-Learning工具,进而提升他们的期望确认水平。所以,提出以下假设:

H2a:教师对使用E-Learning的感知能力需求,对他们的感知有用性有显著正向影响。

H2b:教师对使用E-Learning的感知能力需求,对他们的期望确认有显著正向影响。

H2c:教师对使用E-Learning的感知能力需求,对他们的内在动机有显著正向影响。

3.服务质量

对于教师来说,服务质量是指E-Learning服务的提供者所能提供的E-Learning系统相关的技能培训以及相应的技术支持,其有利于教师尽快熟练掌握E-Learning系统的使用。这能提高教师的E-Learning使用能力,使其更有信心去推动学生使用E-Learning,教师便会有更高的有用性(外在动机)的感知水平和更大的兴趣(内在动机),并提高其确认及满意度水平(Chiao,Chen Chang,2013)。Liu 等(2010)的研究也表明,信息系统服务质量是影响用户满意度的重要因素。所以,提出以下假设:

H3a:E-Learning的服务质量对教师的感知有用性有显著正向影响。

H3b:E-Learning的服务质量对教师的期望确认有显著正向影响。

H3c:E-Learning的服务质量对教师的满意度有显著正向影响。

H3d:E-Learning的服务质量对教师的内在动机有显著正向影响。

4.系统质量

系统质量是指信息系统的易用性、稳定性、功能性、数据质量和可维护性等特征(DeLone & McLean,1992;Seddon,1997)。已有研究证明,信息系统使用的容易程度是影响用户感知有用性的重要因素(Davis,1992)。我们可以预测教师在使用E-Learning系统过程中所感知的难易程度、系统的稳定性会影响教师使用的情绪。假如系统容易使用,教师能够完成信息的创造、管理与发布,则教师会觉得系统有用并有更大的兴趣再次使用;反之则容易放弃使用。此外,根据期望确认理论,用户在产品消费和体验之后的绩效对用户的期

望确认有积极的影响,并影响最终的满意度(Spreng and Chiou,2002)。所以,提出以下假设:

H4a:E-Learning 的系统质量对教师的感知有用性有显著正向影响。

H4b:E-Learning 的系统质量对教师的期望确认有显著正向影响。

H4c:E-Learning 的系统质量对教师的满意度有显著正向影响。

H4d:E-Learning 的系统质量对教师的内在动机有显著正向影响。

5. 期望确认

Bhattacherjee(2001)认为,用户确认对某项技术的最初期望,是影响他们感知有用性信念的重要因素。并且,Roca 和 Gagné(2008)将用户感知有用性信念概念化为一种自主动机形式。基于此,我们认为教师期望确认的水平会影响他们的动机水平,如感知有用性和内在动机。Bhattacherjee 在解释为何确认过的(可能期望不确认)最初期望会影响用户动机时,他借助认知失调理论。例如,想象一位对使用新的 E-Learning 系统有很高的初始内在动机的教师,如果他的最初期望在实际使用后没有被确认,一位理性的教师可能会尽力通过修正最初认知,来修复感知到的认知失调问题,从而使期望与现实更为一致。如此,我们认为,期望不确认会降低他们的动机,而确认则会提升动机。此外大量研究表明期望确认与满意度有积极联系,因为期望被确认,意味着预期利益的实现(Bhattacherjee,2001;Limayem & Cheung,2008;Roca et al.,2006)。所以,提出以下假设:

H5a:教师对 E-Learning 的期望确认程度对感知有用性有显著正向影响。

H5b:教师对 E-Learning 的期望确认程度对满意度有显著正向影响。

H5c:教师对 E-Learning 的期望确认程度对内在动机有显著正向影响。

6. 感知有用性

以往的研究发现,感知有用性是信息系统的满意度和持续使用意愿的关键激励因素(Bhattacherjee,2001,2008;Stone et al.,2013)。因此,在 E-Learning 系统的使用中,我们相信,感知有用性会影响教师的满意度和随后的 E-Learning 持续使用。对于 E-Learning 有用性的事后信念,取决于教师在使用 E-Learning 技术后在多大程度上带来教育绩效的提升,如提高学生学习成绩、有更多的学生可参与学习等。而使用后满意度的评估是教师运用 E-Learning 技术的正面、负面或中性的感受。如果教师因使用 E-Learning 导致工作绩效降低,将会产生"负面感受",并由此令教师失望,从而影响他们持续使用的意愿。所以，提出以下假设：

H6a：教师使用E-Learning的感知有用性对他们的持续使用意愿有显著正向影响。

H6b：教师使用E-Learning的感知有用性对他们的满意度有显著正向影响。

7.满意度

作为信息系统持续使用理论的基础，期望确认理论认为，持续意愿主要由对之前运用信息系统的满意度决定（Bhattacherjee，2001，2008；刘鲁川等，2011）。满意度是用户在使用了信息系统后对该系统的综合评价，可以是正面、负面或中性的感受，并且以往关于E-Learning的研究也发现，这种评价是预测E-Learning使用意向的重要指标（Larsen et al.，2009；Lee，2010；Islam & Azad，2015）。所以，提出如下假设：

H7：教师使用E-Learning后的满意度对他们的持续使用意愿有显著正向影响。

8.内在动机

内在动机是指从事某项活动没有明显的原因，完全是由自身对活动的真实兴趣或信念所激发（Gagné & Deci，2005）。在E-Learning的使用中，我们认为对E-Learning有真实兴趣的老师，他们享受使用E-Learning技术的过程，引导学生使用E-Learning，并有强烈持续使用该技术的愿望。这点在以往的研究中也有体现，因为以往的研究已经表明，内在动机（如感知娱乐性、感知兴趣）是用户使用某项技术意向的重要前因（Davis et al.，1992；Lee et al.，2005；Roca & Gagné，2008；Sorebo et al.，2009）。真正有兴趣并享受运用E-Learning的教师，往往更有可能对他们实际使用的工具感到满意（Roca & Gagné，2008；Sorebo et al.，2009）。因此，提出以下假设：

H8a：教师使用E-Learning的内在动机对他们的满意度有显著正向影响。

H8b：教师使用E-Learning的内在动机对他们的持续使用意愿有显著正向影响。

第二节　变量测量与数据采集

一、变量测量

本研究采用问卷调查的方法，收集教师使用E-Learning后的行为感知数据。研究变量的测量基本参考了现有文献，并结合特定研究情境进行修改。其中期望确认、感知有用性、满意度和持续使用意愿来源于期望确认模型，测量量表参考了 Bhattacherjee（2001,2008）的研究。服务质量和系统质量参考了 DeLone 和 McLean（1992,2003）等人的研究。感知自主性和感知能力来源于自我决定理论，测量量表参考了 Gagne（2001）和 Roca 和 Gagné（2008）等人的研究。内在动机中的变量测量改编自学术研究自我调节问卷（Ryan & Connell，1989）。问卷设计采用 Likert5 评分法，从"非常不同意"到"非常同意"。针对感知自主性、感知能力、服务质量、系统质量、期望确认、感知有用性、满意度、内在动机、持续使用意愿 9 个变量共设计了 39 个题项，经过对杭州电子科技大学有E-Learning使用经验的教师与专家（主要是参与翻转课堂、混合式教学等课堂改革项目的老师）进行访谈，听取他们的意见，并进行修改。各变量测量项目个数及来源如表 7-1 所示。

表 7-1　潜变量的测量项目个数及来源

潜变量	测量问项个数	来　　源
感知自主性(PA)	7	Gagne,2001；Roca and Gagné,2008；刘俊升,林丽玲,2013
感知能力(PC)	6	Gagne,2001；Roca and Gagné,2008；刘俊升,林丽玲,2013
系统质量(SEQ)	5	DeLone,McLean,1992,2003；Wu & Wang,2006
服务质量(SYQ)	3	DeLone,McLean,1992,2003；Wu & Wang,2006
期望确认(CF)	3	Bhattacherjee,2001,2008

续表

潜变量	测量问项个数	来　源
感知有用性(PU)	4	Bhattacherjee,2001,2008
内在动机(IM)	3	Ryan & Connell，1989
满意度(SA)	4	Bhattacherjee,2001,2008
持续使用意愿(CI)	4	Bhattacherjee,2001,2008

二、数据采集

用于测验该研究模型的数据,来自全国各地有E-Learning使用经验的老师,调查通过问卷星调查平台发放。为了提高数据的可靠性,问卷对潜在应答者做出如下限定:在使用经验方面,要求教师自己填写使用过的教学平台名称,如 Blackboard、Moodle、清华网络教学综合平台等,以避免选择题应答者随意填写的问题。问卷包括三个部分:教师基本信息、E-Learning系统使用经验、E-Learning系统使用的感知。数据收集的时间为 18 天,我们共发放了 320份问卷,实际收回 164 份,其中有 16 位老师认为自己在下个学期没有自主选择使用E-Learning系统的权利,如此共收回有效问卷 148 份,回收有效率为90.24%。样本来自全国共 109 所大学的老师,在地区分布上,来自上海的老师最多,共有 25 位(16.89%),北京和广东分别有 23 位(15.54%)和 19 位(12.84%),分列第二、三位。在 E-Learning平台使用方面,有 77 位(52.02%)老师选择使用学校自建的网络教学平台,如清华网络教学综合平台、Blackboard、Sakai 等;另有 71 位(47.98%)选择公共 E-Learning平台,如网易公开课、YY 教育、爱课程网等。各平台所占的具体比例由于部分教师在填写的时候没有写清楚平台名称而无法准确统计。样本的基本情况如表 7-2所示。

表 7-2　样本人口统计

统计变量		人数	百分比（%）	统计变量		人数	百分比（%）
性别	男	48	32.43	职称	助教	9	6.08
	女	100	67.57		讲师	89	60.14
年龄	25～30 岁	14	9.46		副教授	44	29.73
	31～40 岁	112	75.68		教授	6	4.05
	41～50 岁	21	14.19	学科方向	工科	27	18.24
	51～55 岁	1	0.68		理科	48	32.43
	55 岁以上	0	0		文科	71	47.97
学历	本科	45	30.41		医学	2	1.35
	硕士研究生	85	57.43		农学	0	0
	博士研究生	18	12.16		其他	0	0
地区分布	上海	25	16.89	平台来源	学校自建平台	77	52.02
	北京	23	15.54		公共平台	71	47.98
	广东	19	12.84	具体平台	清华网络教学综合平台		
	江苏	12	8.11		Blackboard		
	山东	11	7.43		Sakai		
	福建	11	7.43		网易公开课		
	河北	9	6.08		YY 教育网		
	浙江	8	5.41		好课网		
	其他	30	20.27				

第三节　数据分析

　　本研究的模型验证分两步进行。首先是测量模型验证，也即是效度和信度检验；其次是结构方程模型检验，分析变量之间的路径系数及影响的显著性。由于研究样本数量较少，模型验证中采用了偏最小二乘法（Partial Least

Squares，PLS)分析方法。偏最小二乘法(PLS)是第二代回归方法,结合了验证性因子分析和线性回归,这使得它可以同时运行测量和结构模型。PLS 分析方法允许在样本点个数少于变量个数的条件下进行回归建模,并可以对更复杂的关系进行解释,避免解释力不足的问题。分析中使用的工具为 SmartPLS 3.0 和 SPSS 18.0 分析软件。

一、测量模型

测量模型主要从三个方面进行测量:(1)单个测量项可靠性,即信度;(2)单个潜变量的收敛效度;(3)变量和项之间的区分效度(Hulland,1999)。信度使用 Cronbach's Alpha 系数、组合信度(CR)(Fornell & Larcker,1981)、平均方差抽取量(AVE)三个指标进行测量。一般认为,单个测量项的因子载荷值大于 0.7,组合信度(CR)值大于 0.7(Nunnally,1979),平均方差抽取量(AVE)大于 0.5,Cronbach's Alpha 大于 0.7 时,测量变量内部一致性是可以接受的。

表 7-2 为假设模型 9 个潜变量中各测量项的平均值、标准差、因子载荷、Cronbach's Alpha 系数、组合信度及 AVE 数值。9 个潜变量共有 39 个测量问项,其中有 9 项的因子载荷小于 0.7。Hulland(1999)认为在实践中,特别是当应用新的项目时,通常一个更低更合适的截止值被认为是可以接受的。学者 Hari 等人(1998)认为因子载荷量的选取标准要同时考虑到因素分析时样本的大小,并给出了参考标准:当样本数为 85 的时候,因子载荷量要大于 0.6;而当样本数大于 120 时,因子载荷量要大于 0.5(陈顺宇,2005)。学者 Tabachnick 与 Fidell(2007)认为从结构方程模型测量的观点来看,因素载荷量最好大于 0.5,此时指标变量才能有效反映潜变量的潜在因素。综合以上各学者的观点,本研究选择 0.6 的因子载荷作为截止值。如此,总共有 5 个问项被删除(表 7-3 中斜体的问项)。而所有载荷因子大于 0.6 的项目被保留。

再次对保留以后的问项计算组合信度 CR,结果如表 7-3 中 CR 的"/"后面的数值。结合表中的各项数据可知,各变量的 Cronbach's Alpha 系数都在 0.7 以上,所有变量的 CR 值均大于 0.7,AVE 值均大于 0.5,说明数据具有较好的稳定性和一致性,测量模型信度可以接受。

表 7-3　平均值、标准差和内部一致性

测量变量	平均值	标准差	因子载荷
感知自主性（Alpha＝0.0.732，CR＝0.752/0.781，AVE＝0.68）			
对于如何在教学中更好发挥E-Learning的作用，我会考虑很多因素	3.94	0.732	0.796
在教学工作中使用E-Learning我感到有压力	3.39	1.227	0.594
对于在教学中如何使用E-Learning，我可以自由地表达我的意见	4.27	0.734	0.527
我使用E-Learning时，不得不做别人要我做的事	3.28	0.989	0.740
工作中我对E-Learning使用的意见也受到重视	4.11	0.720	0.542
在教学中我可以自己决定如何更好地使用E-Learning	4.28	0.754	0.743
我没有太多机会自己决定如何在教学工作中使用E-Learning	3.57	1.326	0.800
感知能力（Alpha＝0.741，CR＝0.771/0.791，AVE＝0.70）			
我不是很擅长使用E-Learning系统进行教学	3.94	1.162	0.828
其他老师认为我很擅长在教学中使用E-Learning系统	4.00	0.782	0.780
我已经通过教学实践，学习了有关E-Learning系统的使用	4.43	0.671	0.436
在教学中使用E-Learning系统让我感到有成就感	3.28	0.700	0.712
在工作中我没有太多机会来展示我在E-Learning方面的能力	3.32	1.316	0.742
在E-Learning使用方面，我觉得我的能力一般	3.65	1.183	0.782
系统质量（Alpha＝0.882，CR＝0.891/0.891，AVE＝0.77）			

续表

测量变量	平均值	标准差	因子载荷
我觉得E-Learning系统使用起来非常容易	4.13	0.723	0.762
我觉得E-Learning系统的界面是友好的	4.31	0.708	0.602
我觉得E-Learning系统是稳定的	4.34	0.752	0.782
我觉得E-Learning系统的响应时间是可以接受的	4.28	0.729	0.764
E-Learning系统有清晰的导航系统	*4.30*	*0.633*	*0.483*
服务质量（Alpha＝0.811，CR＝0.832，AVE＝0.58）			
我认为，相关部门能够向我提供有效的E-Learning技能培训	3.61	1.048	0.854
我认为,相关部门能够向我提供及时的E-Learning技术支持	3.81	1.055	0.744
我认为，相关部门能够向我提供符合我教学需求的E-Learning个性化服务	3.72	1.123	0.731
感知有用性（Alpha＝0.863，CR＝0.882）			
使用E-Learning可以提高我的教学质量	4.13	0.607	0.847
使用E-Learning可以提高我的教学工作效率	4.19	0.762	0.687
使用E-Learning增强了我教学工作的有效性	4.25	0.669	0.784
总而言之,E-Learning对我的教学工作是有用的	4.05	0.621	0.809
期望确认（Alpha＝0.870，CR＝0.891，AVE＝0.62）			
我使用E-Learning的经历比预期的要好	3.95	0.632	0.861
E-Learning提供的系统功能比我预期的还要好	3.99	0.759	0.770
总的来说,我对使用E-Learning的大部分预期均得到证实	4.03	0.653	0.645
内在动机（Alpha＝0.800，CR＝0.810，AVE＝0.71）			

续表

测量变量	平均值	标准差	因子载荷
我使用E-Learning是因为兴趣	3.90	0.879	0.837
我使用E-Learning是因为有趣	3.88	0.982	0.802
我使用E-Learning是因为我享受使用的过程	3.23	0.669	0.731
满意度(Alpha＝0.883，CR＝0.901，AVE＝0.65)			
非常不满意/非常满意	4.14	0.547	0.702
非常不愉快/非常愉快	4.24	0.730	0.789
非常沮丧/非常满足	4.14	0.729	0.766
极其糟糕/极其高兴	4.00	0.710	0.800
持续使用意愿(Alpha＝0.827，CR＝0.841，AVE＝0.71)			
我打算下学期继续使用 E-Learning 系统,不会停止使用	4.39	0.623	0.832
我的意向是下学期延长使用E-Learning,而不使用其他替代方法	4.10	0.806	0.622
如果可以,我下学期想停止使用E-Learning系统	4.11	1.140	0.808

效度检验包括收敛效度和区分效度。收敛效度反映变量的测度指标之间理论上和实际上的相互关联程度,收敛效度可以用 CR 和 AVE 进行测量,当 CR＞0.7 且 AVE ＞ 0.5 时,表明变量的收敛效度好(Fomell & Larcker,1981)。如表 7-3 所示,所有变量的 CR 值在 0.781～0.901,AVE 值在 0.58～0.77,说明测量模型有较好的收敛效度。区分效度是指潜变量之间的低相关性和显著差异性,可以通过 AVE 平方根与变量间相关系数的大小以及潜变量的交叉载荷因子进行判断。表 7-4 是测量问项的交叉因子载荷值,所有 34 个问项共抽出 9 个因子,所有变量的因子载荷值都大于 0.7。表 7-5 为 AVE 平方根(表格中加粗字体的数据)。根据 Fornell 与 Larcker 提出的标准,若一个变量与其他变量的相关系数小于该变量的 AVE 平方根时,说明该变量有

良好的区分效度。从表 7-4 可知,表中 AVE 平方根大于与其所在行和列的所有数值,因此本研究的测量模型的区分效度是合适的。

表 7-4　交叉因子载荷

	PA	PC	SYQ	SEQ	PU	CF	IM	SA	CI
PA1	**0.723**	0.238	0.156	0.374	−0.113	−0.262	0.065	−0.037	0.094
PA4	**0.885**	−0.001	0.072	0.134	0.179	−0.108	0.000	0.020	−0.114
PA6	**0.815**	0.187	0.284	0.352	−0.027	0.112	−0.183	0.237	−0.126
PA7	**0.825**	0.214	0.004	0.279	−0.074	0.025	−0.272	0.008	0.172
PC1	0.070	**0.889**	0.224	−0.085	0.221	0.117	0.205	0.227	0.174
PC2	−0.204	**0.764**	0.106	0.048	0.288	0.235	0.088	0.167	0.115
PC4	0.150	**0.801**	0.388	0.166	0.086	0.150	−0.097	−0.038	0.191
PC5	0.028	**0.842**	0.100	0.250	−0.020	0.058	−0.030	0.029	0.029
PC6	0.060	**0.875**	0.145	0.007	−0.137	0.105	0.148	0.193	0.116
SYQ1	0.229	0.042	**0.809**	0.304	0.281	0.107	0.388	0.193	−0.174
SYQ2	0.241	0.292	**0.805**	−0.074	0.101	0.288	0.104	0.101	0.081
SYQ3	0.258	0.156	**0.764**	0.267	0.296	0.127	0.119	−0.043	0.124
SYQ4	0.120	−0.029	**0.779**	0.314	0.410	0.174	−0.001	−0.150	0.150
SEQ1	0.059	−0.033	0.152	**0.813**	0.088	0.101	0.277	0.208	0.141
SEQ2	0.314	0.130	0.291	**0.727**	0.114	0.071	0.397	−0.139	−0.091
SEQ3	0.019	0.291	0.304	**0.786**	−0.013	0.325	−0.186	−0.038	0.105
PU1	0.141	0.260	0.240	0.163	**0.817**	0.170	−0.075	0.058	0.138
PU2	0.077	0.198	0.202	0.212	**0.744**	0.165	0.183	0.049	−0.330
PU3	0.123	−0.005	0.159	0.073	**0.795**	0.144	0.278	0.189	0.215
PU4	0.182	0.228	0.050	0.152	**0.850**	0.295	0.112	−0.072	0.134
CF1	0.235	0.167	0.051	−0.084	0.153	**0.767**	0.128	0.063	0.374
CF2	0.384	−0.025	0.194	−0.067	0.010	**0.770**	0.088	0.203	0.212

	PA	PC	SYQ	SEQ	PU	CF	IM	SA	CI
CF3	0.339	0.408	0.175	−0.020	0.165	**0.763**	0.156	0.105	−0.001
IM1	0.154	0.103	0.140	0.064	0.055	0.150	**0.824**	−0.042	0.088
IM2	0.142	−0.008	0.053	−0.034	−0.008	0.097	**0.833**	−0.092	0.247
IM3	−0.059	0.345	0.254	0.053	0.113	0.464	**0.774**	0.038	0.124
SA1	0.114	0.242	0.030	−0.021	0.205	0.117	0.099	**0.864**	0.115
SA2	0.185	0.101	0.055	−0.040	−0.068	0.385	0.264	**0.726**	0.137
SA3	0.268	0.178	0.161	0.426	−0.096	0.055	−0.160	**0.735**	0.087
SA4	0.161	0.058	0.201	0.058	0.239	0.268	0.209	**0.801**	0.093
CI1	0.397	0.104	0.152	0.158	0.376	0.154	0.135	0.063	**0.798**
CI2	0.447	0.032	0.302	0.230	0.082	−0.049	−0.008	−0.105	**0.725**
CI3	0.330	−0.002	0.025	0.092	0.347	0.226	−0.091	0.068	**0.854**

表 7-5　AVE 平方根

测量变量	相关系数矩阵								
	PA	PC	SYQ	SEQ	PU	CF	IM	SA	CI
PA	**0.823**								
PC	0.214	**0.839**							
SYQ	0.518	0.493	**0.876**						
SEQ	0.522	0.382	0.658	**0.761**					
PU	0.510	0.468	0.601	0.620	**0.786**				
CF	0.507	0.392	0.685	0.654	0.632	**0.845**			
IM	0.422	0.134	0.425	0.481	0.443	0.494	**0.806**		
SA	0.509	0.385	0.623	0.593	0.577	0.647	0.517	**0.844**	
CI	0.507	0.618	0.641	0.594	0.618	0.650	0.420	0.579	**0.856**

二、结构方程模型

使用 SmartPLS 3.0 软件进行结构方程模型验证，图 7-2 所示是模型验证的结果，包括路径系数和各前因变量共同解释的因变量的方差变异(R^2)。通过模型验证的结果可以进行如下总结：

假设 H1a 和 H1b 研究的是教师在使用 E-Learning时的感知自主性的需求对他们运用E-Learning后有用性的感知水平和内在动机水平的影响。偏最小二乘法(PLS)分析结果支持这两种假设。因此，可以得到如下结论：教师在使用E-Learning时的感知自主程度对他们的感知有用性($p=0.135$，Sig. $=0.047<0.05$)以及内在动机水平($p=0.175$，Sig. $=0.040<0.05$)产生了积极的影响。

假设 H2a、H2b、H2c 研究教师运用E-Learning时的感知能力需求对他们的感知有用性、内在动机以及预先期望的影响。结构方程模型分析的结果支持假设 H2a、H2c，但不支持 H2b。因此，可以得到以下结论：教师运用E-Learning时的感知能力需求对他们的感知有用性($p=0.146$，Sig. $=0.022<0.05$)、内在动机($p=0.110$，Sig. $=0.045<0.05$)都有积极的影响，但感知能力对教师运用E-Learning的期望确认($p=0.040$，Sig. $=0.540>0.05$)的影响不显著。

假设 H3a、H3b、H3c 和 H4a、H4b、H4c 研究的是E-Learning平台的两个质量因素与教师使用E-Learning后对有用性、满意度、期望确认的感知以及与内在动机水平的关系。PLS 分析的结果显示，E-Learning平台的系统质量对教师运用E-Learning的感知有用性($p=0.164$，Sig. $=0.042<0.05$)、期望确认($p=0.467$，Sig. $=0.000<0.001$)有显著正向影响，但对内在动机($p=0.020$，Sig. $=0.848>0.05$)影响没有达到显著水平，因此 H3a、H3b 得到了验证，而 H3c 没有得到验证；此外，学校相关部门提供的E-Learning服务的质量对感知有用性($p=0.337$，Sig. $=0.000<0.001$)、期望确认($p=0.347$，Sig. $=0.000<0.001$)、内在动机($p=0.218$，Sig. $=0.024<0.05$)均有显著正向影响，因此 H4a、H4b、H4c 得到了验证。

假设 H5a、H5b、H5c 研究的是教师使用E-Learning时的预先期望的确认程度与他们的感知有用性水平、内在动机以及满意度之间的关系。偏最小二乘法(PLS)分析结果显示支持这三个假设。因此，可以得到如下结论：教师使用 E-Learning 后的期望得到了确认,这显著影响了他们的感知有用性水平(p = 0.165, Sig. = 0.048 < 0.05)、内在动机(p = 0.442, Sig. = 0.000 < 0.001)、满意度(p = 0.263, Sig. = 0.006 < 0.01)。

假设 H6a、H6b 研究教师对 E-Learning 的感知有用性和满意度水平以及他们打算继续使用意向之间的联系。偏最小二乘法(PLS)分析结果支持这两种假设,因此我们可以得出这样的结论:教师对 E-Learning 的感知有用性水平,对他们对 E-Learning 的满意度(p = 0.205, Sig. = 0.007 < 0.01)和持续使用意向(p = 0.426, Sig. = 0.000 < 0.001)有积极影响。

假设 H7 研究教师使用 E-Learning 的满意度和持续使用意愿之间的关系。PLS 分析的结果显示支持这个假设。因此,教师 E-Learning 使用的满意度对他们持续使用的意向产生积极的影响(p = 0.334, Sig. = 0.000 < 0.001)。

假设 H8a、H8b 研究教师使用 E-Learning 的内在动机与他们的满意度,以及持续使用意愿之间的联系。结构方程和模型分析的结果显示,H8a 得到了支持,而 H8b 没有得到支持。因此,我们可以得到以下结论:教师使用 E-Learning 的内在动机对他们的满意度有积极的影响,但对他们的持续使用意愿(p = 0.084, Sig. = 0.253 > 0.05)没有直接的影响。表 7-6 总结了模型验证的结果。

如图 7-2 所示,结构模型分析记录如下各项的可接受水平分别是:持续使用意向解释方差 44.9%、用户满意度 51.4%、感知有用性 56.5%、期望确认 54.5% 和内在动机 26.1%。

作为对 E-Learning 持续使用意愿的鲁棒性测试,四个控制变量(即年龄、性别、职称、学历)亦包括在内,作为持续使用意向的补充指标。这些控制变量的加入导致内在动机系数有轻微的降低(p = 0.03)、满意度的系数有轻微的增加(p = 0.006)。其中只有年龄(p = −0.183; Sig. = 0.008 < 0.05)和教育程度(p = −0.143; Sig. = 0.032 < 0.05)与教师的继续使用 E-Learning 意向有重要关系。

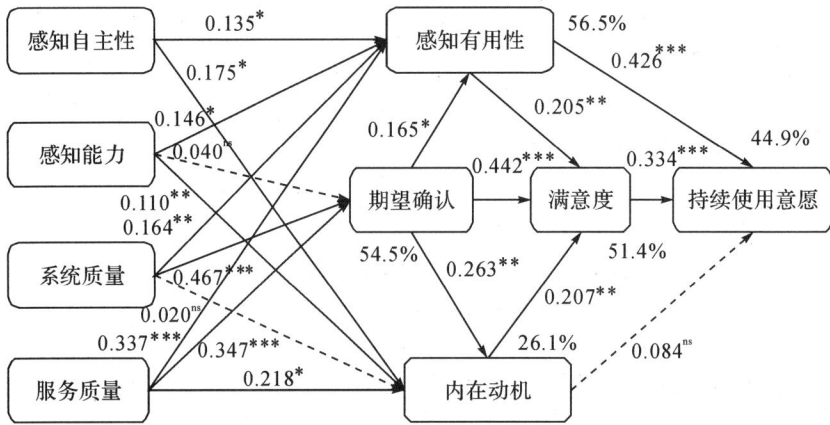

(注：＊＊＊：Sig.＜0.001；＊＊：Sig.＜0.01；＊：Sig.＜0.05；ns：no sig)

图 7-2　模型验证

表 7-6　模型验证

假设	因果路径	路径系数	显著性	t 值	检验结果
H1a	PA→PU	0.135	0.047	2.008	支持
H1b	PA→IM	0.175	0.040	2.076	支持
H2a	PC→PU	0.146	0.022	2.315	支持
H2b	PC→CF	0.040	0.540	0.614	不支持
H2c	PC→IM	0.110	0.045	2.013	支持
H3a	SYQ→PU	0.164	0.042	2.055	支持
H3b	SYQ→CF	0.467	0.000	6.321	支持
H3d	SYQ→IM	0.020	0.848	0.192	不支持
H4a	SEQ→PU	0.337	0.000	3.872	支持
H4b	SEQ→CF	0.347	0.000	4.494	支持
H4c	SEQ→IM	0.218	0.024	2.276	支持

续表

假设	因果路径	路径系数	显著性	t 值	检验结果
H5a	CF→PU	0.165	0.048	1.998	支持
H5b	CF→SA	0.442	0.000	5.668	支持
H5c	CF→IM	0.263	0.006	2.774	支持
H6a	PU→SA	0.205	0.007	2.716	支持
H6b	PU→CI	0.426	0.000	5.687	支持
H7	SA→CI	0.334	0.000	4.455	支持
H8a	IM→SA	0.207	0.003	3.077	支持
H8b	IM→CI	0.084	0.253	1.147	不支持

第四节　本章总结与讨论

在自我决定理论拓展期望确认模型研究所添加的 14 个假设中,我们发现其中 11 个得到证实。调查结果表明,自我决定理论中的内在动机在解释教师 E-Learning 持续使用意愿方面没有直接作用,但通过满意度的中介作用对持续使用意愿有间接影响,这个结论和我们的预期有些差别。感知有用性(认同式调节)作为外在动机对教师 E-Learning 持续使用意愿有直接的影响作用,并和满意度共同解释了 44.4% 的教师持续使用意愿,其中感知有用性对持续使用意愿的影响略大于满意度的影响。此外,教师对 E-Learning 能力需求,解释了感知有用性和内在动机分别为 14.6%、11% 的差异。教师对 E-Learning 使用的自主性的需求,解释了教师感知有用性和内在动机的 13.5% 和 17.5% 的变化。在 2 个基本心理需求中,涉及教师使用 E-Learning 前期望的确认程度时,感知 E-Learning 使用能力需求似乎是不重要的。这也许是因为教师对 E-Learning 能力需求并不明显,从而对接受后的预期确认没有太大影响。

对于内在动机对教师 E-Learning 持续使用意愿影响不显著的问题,我们通过偏最小二乘法(PLS)回归来控制感知有用性、内在动机和满意度与持续使用意愿之间的关联性,发现三个自变量两两之间互相控制时,三个自变量都对持续使用意愿产生直接影响。但是,当对三个自变量同时进行回归分析时,内在动机对持续使用意愿的影响变得不显著。这个结果可能的解释是教师使用E-Learning后的感知有用性和满意度共同对内在动机和持续使用意愿之间的关系起到调节作用。对教师来说,使用E-Learning后的外在效用,如提高教学效果和效率对他们持续使用决策的影响更为显著,而教师出于兴趣或好玩等内在动机的意愿并不明显。此外,内在动机的概念性质和满意度与感知有用性的概念性质存在差异。在目前的研究中,满意度是指"对E-Learning正面、中性或负面情绪的评价",而感知有用性是基于一个更具体的"E-Learning是否提升我的工作绩效"的经验(Bhattacherjee,2001)。另一方面,内在动机是基于一个"使用E-Learning是否给我带来快乐"的经验(Roca & Gagné,2008)。可否认为,目前的研究表明,特定的经验,如感知有用性和满意度,有可能会消除E-Learning内在动机经验的影响? 这种事后解释方法可能是未来研究的基础。

虽然研究中内在动机对持续使用意愿没有显著影响,但是内在动机对教师使用E-Learning后的满意度则有影响。满意度的三个前因变量,共同解释了51.4％的满意度的差异。其中期望确认对满意度的影响要大于感知有用性和内在动机。这说明教师使用E-Learning的预期是否得到确认对他们的满意度有重要影响。而影响教师期望确认的因素是E-Learning的系统质量和服务质量。也就是说在实践中,提高E-Learning的系统稳定性、易操作性,以及为教师E-Learning使用提供培训能提升他们的期望确认水平。

感知自主性对内在动机的影响强于感知能力对内在动机的影响。这个结果和自决定理论的结论是一致的。因为自我决定理论认为,自主性是内在动机的本质。众所周知,大学教师享有相对高的工作自主性,因此,运用E-Learning的自主性被视为理所当然,教师希望有权力决定在教学中是否要使用E-Learning,以及如何使用。此外,自我决定理论认为,感知自主性是内化过程的重要因素,使动机从外部转移到内部。这一点可以从感知自主性对感知有用性存在影响中得到证明。这反映了教师自愿使用网络教学,这种不受压制感会反过来促成更高水平的愉悦的网络体验。研究结果也显示教师对E-Learning能力的需求对其内在动机也有显著影响,也就是说教师使用E-Learning能力的提高会使教师有更强的内在动机。

在E-Learning的系统质量和服务质量两个质量因素中,服务质量对教师使用E-Learning的内在动机产生影响,而系统质量则对内在动机没有直接影响。系统质量和服务质量都通过期望确认对内在动机产生间接影响。一个可能的解释是教师在使用E-Learning后预期得到了确认,从而强化了他们的内在动机,并提高了满意度。

综上所述,本研究以教师使用E-Learning技术进行现场教学为视角,在利用自我决定理论来拓展并证实信息系统持续使用理论做了有益的尝试。对于高校教师来说,自身对使用E-Learning的真实兴趣和享受,对信息系统持续使用的影响并非最为重要的影响因素,这一结论可能与高校教师所处的环境有关,教师对E-Learning的使用的动机尚未达到内化的水平。

第八章

基于 TTF 的大学生E-Learning 平台持续使用意愿研究

在高校中,学生一般在以下几种情况下会使用E-Learning系统:①支持性学习。教师在传统面对面教学中将 PPT、图片、视频等教学资料传送到E-Learning平台,并要求学生下载后在课堂授课中使用,或为学生课外预习、复习提供素材。在这种方式下,E-Learning系统在传统教学中起到支持作用。②混合式学习。在面对面教学和在线学习相结合的混合式学习中,教师将教学资料、学习任务上传到E-Learning平台,学生按学习任务的要求,在课外进行自主学习,并在面对面授课中就课程内容进行讨论。在混合式学习中教师的作用是引导与支持学习。E-Learning系统除了为学生提供学习资料之外,还为学生与教师的互动、学生之间的互动、学生在线测试等活动提供支持平台。③学生自主学习。学生依托于E-Learning平台中的课程,自主安排时间、制订学习计划,通过自主学习的方式完成课程。在这种方式下,学生与教师在时空上分离,学习活动完全依靠E-Learning平台进行。

目前,高校使用E-Learning技术的教学模式中,混合式学习被认为是最符合当前高等教育现状,也是最为有效的方式。在混合式学习模式中,学生和教师的角色均发生了变化,教师是教学活动的规划、组织、管理者,而学生则是学习的主体。E-Learning系统则是教学活动开展的支持平台,也是教师和学生之间沟通的桥梁。因此,E-Learning平台的接受并持续使用关系到教学活动的开展、学习的效果和效率。在本章中，我们将讨论混合式学习模式下，大学生持续使用 E-Learning 平台的影响因素及其对学习绩效的影响。基础理论是期望确认模型(ECM)和任务技术匹配理论(TTF)。

第一节　理论背景与模型假设

一、理论背景

1. 混合式学习模式

混合式学习模式也称"Blending Learning"，最早由何克抗教授提出。混合式学习模式可以将传统课堂面对面教学与 E-Learning 的优势结合起来，对信息技术、学习场所、教学方法等进行多方面的融合，既能发挥教师的引导、启发和监控作用，又充分体现学生的主动性、积极性和创造性。在混合式学习模式中，通过 E-Learning 平台，学生可以自主学习，随时随地下载学习资源、与教师互动、同学之间协作分享，进而实现知识构建(McGill & Klobas，2009；Lim & Morris，2009)。

一般来说，混合式学习包括四个环节：前端分析、学习活动组织、学习支持、学习效果评价。前端分析是指由混合式学习中的教师对学习者、学习的课程内容、学习资源进行分析，以便于后期课程更好地开展。教师可以通过问卷调查的方式对学生的学习需求、网络教学平台使用的情况、学习的动机、对混合式学习的认知等进行调查，由此分析学生的学习习惯、学习能力并制定学习计划。学习活动组织是指学生自主学习活动的组织方式，通常有集体学习、小组学习、个体学习等几种方式。学习过程中学生可以登录到 E-Learning 平台进行在线学习，参与在线讨论与答疑，与教师交流互动，在课外也可以通过微信、QQ 平台、E-mail 与老师保持紧密联系。学习支持是为了解决学生在学习过程中遇到的困难或问题而开展的由教师或同学给予的帮助或指导，比如教师可以在面对面授课程中组织学生就学习疑难问题进行讨论，集中解决学习难点。学习效果评价是指根据学习目标对学习的效果采用形成性评价和终结性评价、线上评价和线下评价、课程作业评价和课程考试评价等多元评价相结合的方法，有利于调动学习者参与的积极性。

2. 混合式学习下E-Learning平台接受研究

混合式学习为传统课堂教学模式的改革提供了一个新的思路和方法。混合式学习的顺利进行离不开网络学习平台（E-Learning平台）的支持。虽然目前网络教学平台在我国高校的普及率很高（李秀娟和邓小昭，2010），但真正能将传统教学与网络在线学习相结合，充分发挥两者优势的课程的比例并不高，多数高校对混合式学习模式的探索也是刚刚开始（罗浩，2014）。

此外，大量的研究表明，高等学校网络教学平台的推广和使用程度远远不够，存在系统成熟度低、使用者稀少、教师接受度低、学生参与度低和互动性弱等问题（刘莉莉，2013；樊文强和刘庆慧，2013）。也有学者从混合式学习模式下学生对E-Learning平台的接受度、满意度等行为意愿方面进行研究。王仙雅和林盛（2013）等人以技术接受模型为基础，引入网络外部性（相关网络规模和感知补充性）和交互性（人与系统交互、人人交互）对大学生使用网络教学平台意愿的影响因素进行了实证研究，结果表明网络规模、人与系统交互、人人交互、感知补充性等因素对使用意愿有显著正向影响。朱坷和刘清堂（2013）以技术接受模型为基础，引入教师有用性感知、学习方式兼容性、培训等因素研究了大学生使用网络学习平台的影响因素，结果表明教师的态度对学生使用网络教学平台的意愿影响最大，其次是使用前的培训，研究发现培训有利于网络学习平台的推广与使用。戴卓和郑孝庭（2014）研究了大学生使用网络教学平台满意度的影响因素，结果表明网络教学平台的可靠性、具有导航性、内容的丰富性、界面设计的友好性、教育的多方式满意等因素对学生的满意度有显著影响，其中教育的多方式满意与用户的满意度呈负相关。此外学习者风格和人格特质的部分因素对网络教学平台满意度具有调节作用。以上学者从用户接受和满意度的视角，分析他们使用E-Learning平台的一般性影响因素，进而总结出具有普遍性的结论。然而，这些研究更多的是对用户的初始接受意愿的探索，而对用户初始接受后的行为机理缺乏深入的分析与研究，如持续使用意愿以及使用后的绩效表现等。

3. 任务技术匹配与绩效

在信息系统（IS）持续使用理论中（Bhattacherjee，2001），感知有用性和满意度是影响用户持续使用意愿的关键因素，但信息系统持续使用理论并未对用户使用行为与使用绩效之间的关系作进一步的解释。该理论假定只要用户具有持续使用意愿，便会有持续使用行为的发生，并进而产生使用绩效。然而,Goodhue 和 Thompson (1995)通过对"实际使用"与"使用绩效"关系的研究,发现"实际使用"并不一定总是能提高用户的绩效,因为有时候用户使用信息系统并非出于自愿。在这种情况下,能否提高用户使用绩效,要看信息技术与工作任务之间的匹配程度,匹配程度越好,则使用绩效越高。Goodhue 和 Thompson (1995)提出了任务技术匹配(TTF)理论,以"任务技术匹配"作为"使用绩效"的前因变量,以"任务特征"和"技术特征"作为"任务技术匹配"的前因变量,研究发现任务技术匹配程度受"任务特征"和"技术特征"共同影响,只有"任务特征"和"技术特征"相匹配时才能达到更好的任务技术匹配程度,从而提高个人绩效。

在E-Learning领域,也有学者基于 TTF 理论开展研究。Larsen(2009)等以高校教师作为研究对象,分析了任务技术匹配程度对E-Learning教学平台持续使用意愿的影响,结果显示任务技术匹配(从学习方法、兴趣偏好、教学实践三个方面进行测量)程度对教师持续使用E-Learning教学平台有显著影响;McGill 和 Klobas(2009)以澳大利亚大学使用 WebCT 学习管理系统的本科生为研究对象,基于 TTF 研究了任务技术匹配(从学习方法、兼容性、易用性、用户友好性、易学性、数据格式、信息准确性、及时性等维度进行测量)程度与学习绩效(从效果、生产率、效率、重要性、价值、帮助等方面进行测量)之间的关系,结果显示任务技术匹配程度对学习绩效有显著正向影响作用。

基于以上理论分析,我们认为对大学生E-Learning平台持续使用行为意愿的研究,有助于了解学生坚持使用E-Learning平台的行为机理,对提高高校网络教学平台的建设效果及混合式教学模式的探索与实践有重要的对策意义。此外,在混合式学习中,使用网络教学平台的要求往往是由教师提出,学生通常是为了完成学习任务而使用网络教学平台,并非完全出于自愿。在这种任务驱使下,网络教学平台的技术特征能否满足学生完成学习任务的需求,也即是技术与任务的匹配情况将会影响学生的行为意愿。综合上述分析,我们通过整合 ECM 与 TTF 理论模型,构建大学生持续使用E-Learning平台影响因素的研究模型,并重点讨论以下几个问题:

(1)在混合式学习中,学生的"个人特征"、所要完成的学习"任务特征"和E-Learning平台的"技术特征"是否对任务与技术匹配产生影响;

(2)任务与技术匹配的程度对学生的满意度、持续使用意愿及学习绩效影响如何;

(3)学生对E-Learning平台的满意度和持续使用意愿如何影响学习绩效。

二、研究模型

针对本章所要研究的问题,构建了研究模型,并提出了相应的假设关系,如图 8-1 所示。研究模型在期望确认模型的基础上提出,并作了以下调整:①增加了感知绩效变量作为持续使用意愿的因变量,用于解释持续使用意愿对学习效果的影响;②由于任务技术匹配理论中对"任务技术匹配"的定义已经包含了期望确认和感知有用性的含义,因此本章研究模型删除了期望确认模型中的期望确认和感知有用性两个变量,同时增加了"任务技术匹配"这一变量,作为满意度、持续使用意愿和感知绩效的前因变量;③模型增加了"任务特征"、"技术特征"和"个人特征"作为任务技术匹配的前因变量,讨论学习任务特征、网络教学平台的技术特征以及学生的计算机使用能力、相关培训以及学习动机等因素对任务技术匹配的影响。

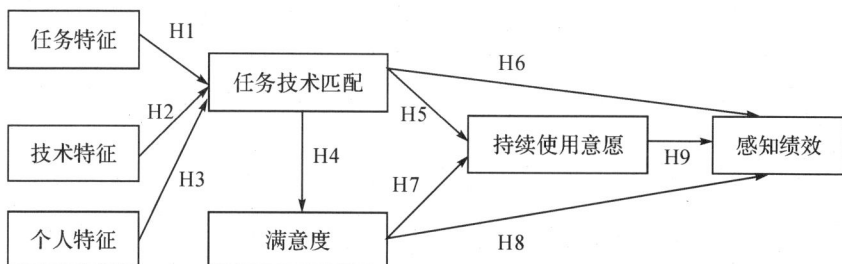

图 8-1　本章研究模型

三、研究假设提出

1. 任务特征

在本研究中,任务特征指的是在混合式学习中,教师针对学习课程布置的学习任务的特征,包括学习任务的复杂性、结构化等。Goodhue 和 Thompson (1995)的研究发现,和信息系统对应的工作任务特征会影响任务技术匹配程度。对于相同的信息系统,随着任务复杂程度的提高,任务与技术之间的匹配程度将降低;而随着工作任务的常规化程度或结构化程度的提高,则任务与技术匹配程度越高。因此本研究认为,混合式学习中学习任务的复杂度、结构化程度正向影响E-Learning平台的任务技术匹配程度。由此提出以下假设：

H1：在混合式学习模式下，使用E-Learning平台时，任务特征对任务技术匹配程度有显著正向影响。

2.技术特征

技术特征是指学生在完成学习任务中所用的E-Learning平台的工具特征，如E-Learning平台的界面功能、操作的方便性、内容的完整性、学习资料的适切性、平台的交互性等特征。Goodhue 和 Thompson（1995）指出信息系统的技术特征会影响任务技术匹配程度。因此，在本研究以大学生在完成学习任务时对E-Learning平台的功能特征的感知表示信息系统的技术特征。由此提出以下假设：

H2：在混合式学习模式下，使用E-Learning平台时，技术特征对任务技术匹配程度有显著正向影响。

3.个人特征

在 TTF 中，个人特征是指用户所具备的计算机使用能力、信息系统的使用动机以及相关培训等，个人特征将影响用户使用信息技术的容易程度。在本研究中，个人特征指的是学生使用计算机的能力、使用E-Learning平台的动机以及学校或教师为学生提供的相关培训。研究表明，计算机使用的能力大小会影响学生使用E-Learning平台的容易程度及使用意愿，动机越强则更容易克服使用过程中遇到的困难，而培训则能提高学生使用E-Learning平台的信心。Goodhue 和 Thompson（1995）认为用户的个人特征会影响任务技术匹配程度。由此提出以下假设：

H3：在混合式学习模式下，使用E-Learning平台时，大学生的个人特征对任务技术匹配程度有显著正向影响。

4.任务技术匹配

在本研究中，任务技术匹配是指在混合式学习模式下学生使用E-Learning平台完成学习任务时E-Learning平台所具备的功能与学习任务之间的匹配程度。Goodhue 和 Thompson 认为任务技术匹配可以从信息系统的易用性、兼容性、可靠性、准确性、更新、表现形式、数据输出的质量和可获得性等维度进行测量。在本章中，E-Learning平台作为混合式学习的支持性工具，我们从课程内容质量、课程资源可获取性、平台易用性、学习支持、学习方式匹配五个方面进行测量。而满意度是指学生在使用了E-Learning平台后对平台的整体性评价。Wen-Shan Lin(2012)以期望确认理论和任务技术匹配理论为基础,研究了在线课程学习中,学生持续使用网络教学平台意愿的影响因素,结果表明任务技术匹配对学生的满意度有显著正向影响,并进而影响持续使用意愿。此外,根据 TTF 理论,任务技术匹配对用户绩效表现有显著正向影响(Goodhue & Thompson,1995)。因此提出以下假设:

H4:在混合式学习模式下,使用E-Learning平台时,任务技术匹配程度对大学生的满意度有显著正向影响。

H5:在混合式学习模式下,使用E-Learning平台时,任务技术匹配程度对大学生的持续使用意愿有显著正向影响。

H6:在混合式学习模式下,使用E-Learning平台时,任务技术匹配程度对大学生的感知绩效有显著正向影响。

5.满意度、持续使用意愿和感知绩效

在期望确认理论中,Oliver(1981)将满意度定义为用户在使用特定产品之前的期望与实际使用后所产生的绩效进行比较后的一种心理状态,并证明了满意度对用户的重复购买意愿及行为有显著影响。而在由期望确认理论发展而来的信息系统持续使用模型中,满意度仍是核心变量,对用户持续使用意愿有重要的影响(Bhattacherjee,2001,2008)。在本研究中,我们将满意度定义为在混合式学习模式下,大学生使用E-Learning平台后对该平台的整体评价。持续使用意愿是指大学生在使用了E-Learning平台后,对平台提供的课程质量、易操作性、互动性等服务的整体感知,并进而产生持续使用的意愿。感知绩效则是指学生在使用了E-Learning平台后感知到的对其学习效果、学习效率、学习能力等综合绩效的提升作用。Cheng(2011)通过对网络学习系统使用的研究,证明了使用意愿对学习者的绩效有显著正向影响。此外,Bliuc(2010)通过对网络学习平台使用行为的研究,证明了持续使用意愿对学习者的学习成绩有显著正向影响。因此提出如下假设:

H7:在混合式学习模式下,使用E-Learning平台时,大学生的满意度对持续使用意愿有显著正向影响。

H8:在混合式学习模式下,使用E-Learning平台时,大学生的满意度对感知绩效有显著正向影响。

H9:在混合式学习模式下,使用E-Learning平台时,大学生的持续使用意愿对感知绩效有显著正向影响。

第二节　研究方法与数据采集

一、研究方法与概念测量开发

本研究采用访谈调查、问卷调查的方法进行数据收集,并通过结构方程模型验证的方法对模型进行验证。首先根据模型的假设关系进行变量测量的开发,即针对每个变量设计测量问项。为了保证测量的有效性,各变量的测量问项基本引用现有文献,并根据混合式学习下 E-Learning 平台使用的特定情境做相应的调整。变量测量采用 Likert 7 级评分法。针对模型中所研究的 7 个变量设计测量问项,形成初始量表。经过对具有混合式教学经验的专家进行访谈,根据他们的意见对量表的用词、表述方法、测量的项目进行修改,确定了具有 28 个问项的测量量表。通过小范围前测收集数据,并进行信度与效度分析,删除了量表中所有因子负荷小于 0.60 的问项,最终确定 26 个测量问项,其中技术特征中的"E-Learning 平台提供了大量的帮助功能"问项、任务技术匹配中的"E-Learning 平台的操作对我来说很容易"问项由于载荷因子小于 0.60 而被删除。各变量测量的问项来源及数量总结如表 8-1 所示。

表 8-1　潜变量测量开发

潜变量	测量问项个数	来　　源
任务特征(TAC)	4	Goodhue & Thompson,1995
技术特征(TEC)	3	Goodhue & Thompson,1995
个人特征(PEC)	3	Goodhue & Thompson,1995
任务技术匹配(TTF)	4	Goodhue & Thompson,1995; McGill and Klobas, 2009
满意度(SA)	3	Chiu et al., 2008
持续使用意愿(CI)	3	Chiu et al., 2008;Chang, 2010
感知绩效(PP)	6	McGill and Klobas,2009

二、数据收集

本研究的研究对象为作者所在学校的本科生，这些学生参加了学校与超星合作开设的"大学生安全教育"混合式课程的学习。该课程针对全校本科生开放，学生可以通过在线的方式进行选课与学习。课程学习的时间为 2015 年 1 月到 2 月的寒假期间，以冬令营的形式开展。要求选课的学生参与所选课程的学习、作业、考试、讨论等全部学习环节，完成全部学习任务。考试通过后，提交学习心得报告、照片及与学习相关的视频。课程学习包括在线学习和线下学习两个环节。在线学习环节通过超星尔雅网络学习平台进行，学生需要完成 36 个学时的在线课程，课程由 126 个学习视频、85 个富媒体、250 个任务点、704 道课后习题组成。网络学习平台具有在线视频学习、在线讨论、章节测验、在线考试等功能。线下学习由学校教师组织学生进行面对面授课，完成课程的实践环节以及交流讨论。课程的最终成绩由观看课程视频、参与讨论、提交作业、考试四个环节组成，各部分所占的成绩比例依次为 40％、10％、25％、25％。

数据来源于三个途径，首先是由网络学习平台记录的学生在线学习的行为数据，包括知识点完成数、在线讨论参与、视频观看进度等。其次是问卷调查收集的数据。在课程结束后，通过纸质问卷、网络问卷的方式对注册课程学习的学生进行了调查。调查问卷包括三个部分：学生基本信息、学生网络学习平台使用经验、学生使用网络学习平台的感知。我们共发放了 160 份问卷，实际收回 88 份有效问卷。最后是深度访谈数据。我们从完成学习的学生中选择了 10 个学生进行了深度访谈，针对混合式学习方法、在线课程设计的质量、网络学习平台的功能等问题进行了讨论与交流。

第三节　数据分析

一、样本描述性统计

本次课程共有 161 位同学报名选课，实际有 88 位同学参与了学习活动。

其中有 68.41％的学生为女生,而男生所占比例仅为 31.69％;在年级方面,80％以上的学生都是大一、大二的新生,大四的最少,原因可能是大一、大二寒假学习、就业压力不是很大,所以有时间参与假期课程的学习,大三、大四的学生面临毕业找工作,多数在寒假已经开始实习,没有额外的时间来参与学习;在专业分布方面,共有会计学、国际经济与贸易、电子信息工程、信息管理与信息系统、市场营销、计算机科学与技术、汉语国际教育、统计学、自动化等几十个专业的同学,专业覆盖面广泛;在E-Learning平台使用经验方面,81.1％的学生有半年到一年的使用经验,有 18.9％的学生有 2～3 年的使用经验;在E-Learning平台功能使用方面,观看视频的比例为 100％、递交过作业的为92.04％、参与在线讨论的为 100％、进行在线测试的为 92.04％;此外,有96.5％的学生认为使用网络在线学习平台对他们的学习有促进作用。

二、学生学习参与情况

下面分别从在线学习环节知识点完成数、视频观看进度、学生讨论数来分析学生的学习参与情况。第一,知识点完成数。该门课程共有 250 个任务点,通过任务点的完成数可以看出学生的学习进度。结果显示 88 个学生平均任务点完成数为 43 个。第二,视频观看进度。学生平均观看时长为 116.5 分钟,最长观看时长为 1488.3 分钟。此外,通过计算反刍比(反刍比＝视频观看时长/视频长)可以看出学生的自主学习情况。统计结果显示,学生在学习"绪论概述"这一小节时,很多同学将内容进行了反复观看和学习(视频时间为 4分 55 秒,其中一位同学的反刍比为 195％)。通过反刍比可以看出学生在没有教师监督的情况下,自主将精彩内容或者难点内容观看多遍,体现了在线课程可以随时暂定、反复观看的特点,也验证了高质量课程内容在吸引学生认真学习方面的作用。第三,学生参与讨论。学生在学习过程中有任何疑问或者心得体会都可以发布到讨论区,与同学和老师进行讨论。结果显示 88 位学生的总讨论数为 236 次,即人均讨论次数约为 3 次。

三、学生对混合式学习的认知

通过问卷对学生在混合式学习方法以及E-Learning平台的认知方面进行了调查。在"你对传统大学教学模式的评价是"的调查中,有 76％的学生认为传统的大学教学模式一般，9.36％的学生认为比较不满意，这说明教学模式急需改变。在"你认为在线教育的形式采用何种模式最好"的调查中，有58.67％的学生赞成"线上自主学习＋课堂辅导、讨论或作业＋线上或线下考试"的混合式学习模式。在"你比较喜欢以下哪些在线学习特征？"的调查中，有80.94％的学生认为"在线课程采用视频方式授课，可以随时暂停、回放、反复学习"的方式最具吸引力，有70.05％的学生选择"碎片化课程（5～20分钟一节课）"，61.08％的学生认为是"富媒体（丰富的参考文献、案例、名词解释等教学资源）"形式。由此可以看出，正是由于在线学习有碎片化教学、可以反复学习知识点、丰富的在线资源又不失传统教学中存在的课件、讨论、作业、考试等优点，所以受到学生的欢迎。在"在线课程学习与传统课堂教学相比，你认为哪种方式学到的知识更多？"的调查中，有47.71％的学生认为"在线课堂多"，27.04％的学生认为"一样多"，另有16.65％的学生认为"传统课堂多"。在"在线学习课程后，教师组织线下课堂讨论、答疑，更有助于你接受知识、积极主动思考"的调查中，有81.74％的学生选择"是"。这说明考虑到学生接受新知识的能力存在差距，老师也有一些想法需要和学生线下讨论，在教学中需要结合线下授课，给老师和学生创造一个面对面互动交流的机会，达到引导学生主动思考、在交流讨论中进步的目的。

四、模型验证

模型的验证分两个步骤进行。首先对测量模型进行验证，也即对测量量表的效度和信度进行检验；其次是结构模型的验证，对模型中各变量的假设关系进行验证，即分析自变量对因变量的影响显著性及大小。由于本研究的有效样本量较小，因此在模型验证中采用了偏最小二乘（PLS）分析方法。偏最小二乘分析方法允许在样本点个数少于变量个数的条件下进行回归分析，可以解释变量间的更为复杂的关系，从而避免模型解释力不足的问题。

1.测量模型

测量模型验证主要对测量量表的信度和效度进行检验。信度检验观察Cronbach's Alpha系数、组合信度（CR）、平均方差抽取量（AVE）三个指标，判断的依据为：组合信度值大于0.7（Nunnally，1979），平均方差抽取量（AVE）大于0.5，Cronbach's Alpha系数大于0.7。表8-2为CR、AVE和Cronbach's Alpha三个指标的数据。从数据可知，各变量的Cronbach's Alpha系数都在0.7以上，所有变量的组合信度都大于 0.7，AVE 值均大于 0.5,说明测量模型具有较好的信度。效度检验需要观察收敛效度和区分效度的情况。根据 Fomell 和 Larcker(1981)的建议,收敛效度可以从 CR(0.7)、AVE(0.5)、因子负荷(0.7)的数值进行判断。从表 8-2 和表 8-3 可以看出,各变量的 CR 值在 0.86 ~0.92,AVE 值在 0.57~0.62,各变量的因子负载值均大于 0.7,说明测量模型具有良好的收敛效度。区分效度通过比较潜变量间相关系数与 AVE 平方根的大小来评估(Fornell & Larcker,1981)。数据如表 8-4 所示,表格中加粗字体的数据为 AVE 平方根,该数据大于与其所在行和列的所有数值,因此本研究的测量模型的区分效度是合适的。

表 8-2　信度和效度分析

测量变量	平均值	标准差	Cronbach's Alpha	CR	AVE
TAC	5.16	1.65	0.84	0.86	0.57
TEC	5.50	1.66	0.87	0.88	0.58
PEC	5.71	1.27	0.82	0.83	0.56
TTF	5.62	1.72	0.91	0.92	0.65
SA	5.14	1.82	0.87	0.89	0.61
CI	5.61	0.96	0.88	0.90	0.58
PP	5.40	1.82	0.85	0.87	0.57

表 8-3　交叉因子载荷

	TAC	TEC	PEC	TTF	SA	CI	PP
TAC1	**0.825**	0.431	0.366	0.196	0.287	0.235	0.404
TAC2	**0.734**	0.267	0.278	0.263	0.044	0.459	0.349
TAC3	**0.831**	0.078	0.413	0.165	0.206	0.266	0.234
TEC1	0.410	**0.823**	0.222	0.183	0.296	0.265	0.247
TEC2	0.245	**0.745**	0.278	0.218	0.231	0.352	0.338
TEC3	0.331	**0.788**	0.417	0.411	0.335	0.233	0.168

续表

	TAC	TEC	PEC	TTF	SA	CI	PP
TEC4	0.278	**0.816**	0.315	0.308	0.391	0.387	0.276
PEC1	0.413	0.451	**0.789**	0.351	0.442	0.272	0.276
PEC2	0.378	0.241	**0.815**	0.241	0.114	0.339	0.223
PEC3	0.271	0.371	**0.766**	0.224	0.259	0.292	0.171
TTF1	0.371	0.203	0.223	**0.834**	0.256	0.271	0.338
TTF2	0.195	0.370	0.284	**0.776**	0.143	0.365	0.289
TTF3	0.441	0.392	0.351	**0.814**	0.153	0.236	0.455
TTF4	0.351	0.316	0.367	**0.785**	0.269	0.134	0.238
SA1	0.094	0.301	0.212	0.343	**0.770**	0.281	0.231
SA2	0.017	0.194	0.123	0.304	**0.812**	0.241	0.346
SA3	0.247	0.436	0.353	0.343	**0.787**	0.245	0.256
CI1	0.336	0.300	0.442	0.214	0.246	**0.821**	0.335
CI2	0.137	0.261	0.243	0.289	0.256	**0.786**	0.259
CI3	0.164	0.272	0.272	0.131	0.171	**0.767**	0.348
PP1	0.231	0.376	0.337	0.418	0.353	0.320	**0.785**
PP2	0.173	0.426	0.279	0.091	0.263	0.248	**0.789**
PP3	0.196	0.296	0.302	0.269	0.205	0.317	**0.821**
PP4	0.254	0.286	0.361	0.361	0.267	0.387	**0.833**
PP5	0.186	0.437	0.292	0.306	0.249	0.201	**0.878**
PP6	0.237	0.341	0.343	0.212	0.232	0.245	**0.843**

表 8-4　AVE 平方根

测量变量	相关系数矩阵						
	TAC	TEC	PEC	TTF	SA	CI	PP
TAC	**0.755**						
TEC	0.457	**0.761**					
PEC	0.551	0.478	**0.748**				
TTF	0.541	0.641	0.652	**0.806**			
SA	0.564	0.633	0.455	0.642	**0.781**		
CI	0.631	0.512	0.536	0.472	0.571	**0.761**	
PP	0.452	0.578	0.561	0.511	0.480	0.561	**0.754**

2. 结构方程模型验证

结构方程模型验证通过 SmartPLS 3.0 计算路径系数及各变量共同解释的方差变异(R^2),结果如图 8-2 所示。从模型验证可以看出,任务特征($p=0.313$, Sig. <0.01)、技术特征($p=0.524$, Sig. <0.000)和个人特征($p=0.207$, Sig. <0.01)对任务技术匹配都有显著正向影响,因此 H1~H3 得到了验证。任务技术匹配对满意度($p=0.513$, Sig. <0.000)、持续使用意愿($p=0.701$, Sig. <0.000)和感知绩效($p=0.635$, Sig. <0.000)都有显著正向影响,因此 H4~H6 得到了验证。满意度对持续使用意愿($p=0.265$, Sig. <0.000)和感知绩效($p=0.213$, Sig. <0.000)都有显著正向影响,因此 H7 和 H8 得到了验证。持续使用意愿对感知绩效有显著正向影响($p=0.312$, Sig. <0.01),因此 H9 得到了验证。在解释的方差方面,任务技术匹配和满意度共同解释了 65% 的持续使用意愿方差变异,任务技术匹配、满意度和持续使用意愿共同解释了 64% 的感知绩效方差变异。模型中各假设验证总结如表 8-5 所示。

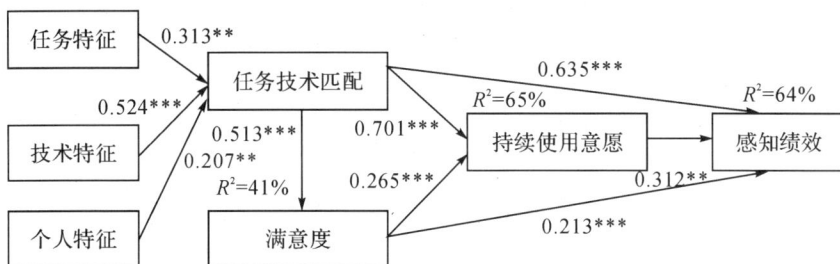

注：＊＊＊：Sig.＜0.000；＊＊：Sig.＜0.01。

图 8-2　模型验证

表 8-5　模型验证

假设	因果路径	路径系数	显著性	t 值	检验结果
H1	TAC→TTF	0.313	0.01	7.451	支持
H2	TEC→TTF	0.524	0.000	13.254	支持
H3	PEC→TTF	0.207	0.01	6.571	支持
H4	TTF→SA	0.513	0.000	11.441	支持
H5	TTF→CI	0.701	0.000	15.245	支持
H6	TTF→PP	0.635	0.000	13.787	支持
H7	SA→CI	0.265	0.000	4.771	支持
H8	SA→PP	0.213	0.000	3.785	支持
H9	CI→PP	0.312	0.01	5.987	支持

五、访谈结论

为了更深入地了解学生对混合式学习模式下E-Learning平台使用的评价以及存在的问题,我们在课程学习结束后选择班级中 10 个学生进行了深度访谈。对每个学生的访谈持续了 40 分钟。以下是访谈的结果。

1. 学生认为较满意之处

学习的自主性:"通过E-Learning平台进行自主学习,我可以在家或在学校随时随地进行学习或复习,可以充分利用碎片时间。"

在线测试:"在线章节测试工具可以让我检验阶段性学习成果,对学习有很大的帮助作用。"

课程质量:总的来说,学生对课程质量有较高的评价,甚至有的章节给学生留下了深刻的印象。比如同学乙对课程的评价:"几乎每一章我都获益匪浅,原来生活中有这么多我们容易疏忽的东西。公共安全、人身安全、财产安全、心理健康、消防安全和运动安全,这些如果我们都了然于心,那么就可以避免无谓的损失,或者在面临危害的时候将损害程度降到最低。"同学甲对课程中心理学部分的评价:"老师讲得真的很棒! 因为我很喜欢心理学,所以看得很认真,里面讲的内容也确实很有用。通常老师一边讲我就一边审视自己,有些地方的确被说中了,然后我也得到了解决的方法。"

2.学生认为不足之处

教师互动:"我认为在与教师互动方面,通过 QQ、微信或面对面的方式更为方便、有效。"

教师监督:"教师在面对面授课及在线互动中应提高对学生的要求,这样能更好地促进学生学习。"

协作学习:"协作学习对我们很重要,但因大家学习进度不一致有时会影响交流的效果。"

第四节　结果与讨论

一、结果讨论

1.任务特征、技术特征和个人特征对完成学习任务的影响

结构方程模型验证结果表明,任务特征、技术特征和个人特征对任务技术匹配有显著正向影响。在本研究中,任务特征从学习任务的复杂性和结构性两个维度进行测量。研究结果说明在混合式学习模式下,学习任务的复杂性、常规化对任务技术匹配程度有显著影响,任务越简单、结构化(任务明确性)程度越高,则任务技术匹配程度越高。这就要求教师在课程设计时,要对课程的

难点进行合理的分解,力求学习任务清晰明确、难度适中,如此便于学生理解与实施,以及顺利完成学习任务。

技术特征和个人特征从E-Learning平台的功能特征和学生计算机使用能力、动机及培训几个维度来测量。功能特征指的是E-Learning平台的稳定性、功能支持、界面操作和帮助功能。研究结果表明,E-Learning平台的稳定性、功能模块对其学习的支持、学生使用计算机的能力、学校提供的课前培训对学生使用E-Learning平台持续性有显著影响。学校行政部门应加强维护确保E-Learning平台的稳定性,教师应在教学资源、师生互动等方面提高对学习任务的支持度,并为学生提供E-Learning平台操作培训,以提高学生的学习能力,便于学生更好地完成学习任务。

2.任务技术匹配和满意度对持续使用意愿的影响

结构方程模型验证结果表明,任务技术匹配和满意度对持续使用意愿有显著正向影响,并解释了65%的持续使用意愿的方差变异。从路径系数上看,任务技术匹配对持续使用意愿的影响要大于满意度对持续使用意愿的影响。这说明在混合式学习模式下,学生感知到的任务技术匹配实际上是对E-Learning平台的有用性、学习支持等价值方面的感知,从而有了满意的情感回应,并产生持续使用的意愿。这就要求教师在课程设计中提供符合在线学习特点的视频课程,以及完整的文档、图片等学习资源,并通过面对面授课及在线的方式与学生互动,排除学生在学习中遇到的困难及问题。在学习方式上,通过建立学习小组,形成组内与组间互相帮助、相互协作、共同学习的良好氛围。

3.任务技术匹配、满意度和持续使用意愿对感知绩效的影响

结构方程模型验证结果表明,任务技术匹配、满意度及持续使用意愿对感知绩效都有显著正向影响,并共同解释了64%的方差变异。在混合式学习中,学生的学习绩效不仅仅体现在最终的成绩上,还应体现在自主学习和协作学习能力的提高、学习效率的提升等多个方面。因此,我们对学生学习绩效的测量侧重于学生对学习能力与效率提升的感知。从本研究的结果来看,任务技术匹配对学生的学习绩效有显著正向影响,这与Goodhue(1995)等学者的研究结论一致。从路径系数上看,任务技术匹配对感知绩效的影响最大,其次是持续使用意愿。

二、本章结论

本章通过整合期望确认模型和任务技术匹配理论构建了研究模型,通过实证研究得到了以下结论。首先,通过对混合式学习下任务技术匹配与前因变量之间关系的分析,发现学习任务的复杂程度、结构化程度和 E-Learning 平台的功能特征以及学生的个人特征对任务技术匹配有显著影响,当学习任务越简单、明确、常规化以及 E-Learning 平台功能符合学习需求时,任务与技术匹配程度越高。其次,对任务技术匹配与因变量之间关系的分析,发现高的任务与技术匹配度能提高学生对 E-Learning 平台的满意度和持续使用意愿。而前人的研究大都以感知有用性、感知易用性等变量来研究用户满意度与持续使用意愿(Bhattacherjee,2008;Limayem M.,2008)的影响因素。本章的研究结果表明,高校管理者及教师不仅要关注用户的感知有用性和感知易用性,也要关注学生的学习任务与技术的匹配,这样才能促进学生持续使用 E-Learning 平台。再次,持续使用意愿对学生学习绩效有显著正向影响。在以往的研究中,学者们假定只要用户具有持续使用意愿,便会提高工作绩效,但并没有进行实证研究(Bhattacherjee,2008)。本章对持续使用意愿后的行为机理进行了分析,结果表明持续使用意愿对学习绩效具有促进作用,扩展了前人的研究。

参考文献

[1] A. Bandura. Social foundations of thought and action: A social cognitive theory[M]. Prentice Hall, Englewood Cliffs, NJ, 1986.

[2] Admiraal, W. , & Lockhorst, D. E-Learning in small and medium-sized enterprises across Europe attitudes towards technology, learning and training[J]. International Small Business Journal, 2009,27(6):743-767.

[3] Ajzen, I. The theory of planned behavior[J]. Organizational Behavior and Human Decision Processes, 1991,50:179-211.

[4] Ajzen, I. , & Fishbein, M. Understanding attitudes and predicting social behavior[M]. Englewood Cliffs, NJ: Prentice-Hall, 1980.

[5] Baard, P. P. , Deci, E. L. , & Ryan, R. M. Intrinsic need satisfaction: A motivational basis of performance and well-being in two work settings[J]. Journal of Applied Social Psychology, 2004:34,2045-2068.

[6] Bandura, A. Social cognitive theory: An agentive perspective[J]. Annual Review of Psychology, 2001,52 (1):1-26.

[7] Bhattacherjee, A. An empirical analysis of the antecedents of electronic commerce service continuance[J]. Decision Support Systems, 2001,32(2): 201-214.

[8] Bhattacherjee, A. , Perols, J. , & Sanford, C. Information technology continuance: A theoretic extension and empirical test[J]. Journal of Computer

Information Systems, 2008,49(1):17-26.

[9] Black, A. E. ,&Deci, E. L. The effects of instructors' autonomy support and students' autonomous motivation on learning organic chemistry: A self-determination theory perspective. Science Education, 2000,84(6): 740-756.

[10] Bliuc, A. , Ellis, R. , Goodyear, P. , Piggott, L. Learning through face-to-face and online discussions: associations between students' conceptions, approaches and academic performance in political science[J]. British Journal of Educational Technology, 2010,41(3):512-524.

[11] Bokhari, R. H. The relationship between system usage and user satisfaction: A meta-analysis[J]. Journal of Enterprise Information Management, 2005,18(2):211-234.

[12] Buckley, K. M. Evaluation of classroom-based, web-enhanced, and web-based distance learning nutrition courses for undergraduate nursing. Journal of Nursing Education, 2003,42(8):367-370.

[13] Caprara G V. Giunta L D, Eisenberg N, et al. Regulatory emotional self-efficacy in three countries[J]. Psychological Assessnent, 2008(3):227-37.

[14] C. Carlsson, J. Carlsson, K. Hyvonen, J. Puhakainen, P. Walden. Adoption of mobile devices/services—searching for answers with the UTAUT. Proceedings of the 39th Hawaii International Conference on System Sciences, 2006.

[15] Castro Sánchez, J. J. , & Elena, C. A. Teachers' opinion survey on the use of ICT tools to support attendance-based teaching[J]. Computers & Education, 2011,56(3):911-915.

[16] Chang, K. -E. , Sung, Y. -T. , Chen, Y. -L. and Haung, L. -H. Learning multiplication through computer-assisted learning activities[J]. Computers in Human Behavior, 2008,24(6):4-16.

[17] Chang, H. H. Task-technology fit and user acceptance of online auction[J]. International Journal of Human-Computer Studies, 2010,68 (1-2):69-89.

[18] Chau, P. Y. K. Influence of computer attitude and self-efficacy on IT usage behavior[J]. Journal of End User Computing, 2001,13(1):26-33.

[19] Cheng, Y. M. Antecedents and consequences of e-learning acceptance

[J]. Information Systems Journal, 2011,21 (3):269 - 299.

[20] Chiu, Chao-Min and Wang, Eric T. G. Understanding Knowledge Sharing in Virtual Communities: An Integration of Expectancy Disconfirmation and Justice Theories. PACIS Proceedings, 2007:37.

[21] Cho, V., Cheng, T. C., & Lai, W. M. The role of perceived user-interface design in continued usage intention of self-paced E-Learning tools. Computers & Education, 2009,53(2):216 - 227.

[22] Churchill, G. A., & Surprenant, C. An investigation into the determinants of consumer satisfaction[J]. Journal of Marketing Research, 1982,19:491 - 504.

[23] Clarebout, G., & Elen, J. Tool use in computer-based learning environments: Towards a research framework[J]. Computers in Human Behavior, 2006,22(3):389 - 411.

[24] Csikszentmihalyi, M. Beyond Boredom and Anxiety: Experiencing Flow in Work and Play. Jossey-Bass Publishers, San Francisco,CA, 1975:36.

[25] Compeau, D. R., & Higgins, C. A. Computer self-efficacy: Development of a measure and initial test[J]. MIS Quarterly, 1995,19(2): 189 - 211.

[26] Coppola, N. W., Hiltz, S. R., & Rotter, N. G. Becoming a virtual professor: Pedagogical roles and asynchronous learning networks[J]. Journal of Management Information Systems, 2002,18(4):169 - 189.

[27] Davis, F. D. Perceived usefulness, perceived ease of use, and user acceptance of information technology[J]. MIS Quarterly, 1989,13(3):319 - 340.

[28] Davis, F. D., Bagozzi, R. P., & Warshaw, P. R. User acceptance of computer technology: A comparison of two theoretical models[J]. Management Science, 1989,35(8):982 - 1002.

[29] Davis, F. D., Bagozzi, R. P., & Warshaw, P. R. Extrinsic and intrinsic motivation to use computers in the workplace [J]. Journal of Applied Social Psychology, 1992,22(14):1111 - 1132.

[30] Deci, E. L., Connell, J. P., & Ryan, R. M. Self-determination in a work organization[J]. Journal of Applied Psychology, 1989,74:580

— 590.

[31] Deci, E. L. , & Ryan, R. M. Intrinsic motivation and self-determination in human behavior[M]. New York: Plenum, 1985.

[32] Deci, E. L. , Ryan, R. M. , Gagne', M. , Leone, D. , Usunov, J. , & Kornazheva, B. P. Need satisfaction, motivation, and well-being in the work organizations of a former eastern bloc country[J]. Personality and Social Psychology Bulletin, 2001,27:930 — 942.

[33] DeLone, W. H. , & McLean, E. R. Information systems success: The quest for the dependent variable[J]. Information Systems Research, 1992, 3(1):60 — 95.

[34] DeLone, W. H. , & McLean, E. R. The Delone and McLean model of information systems success: A 10 year update[J]. Journal of Management Information Systems, 2003,19(4):9 — 30.

[35] Dishaw. M. T. & Strong. D. M. Extending the technology acceptance model with task-technology fit constructs[J]. Information & Management, 1999,36(1):9 — 21.

[36] Eggert, A. , & Ulaga, W. Customer perceived value: a substitute for satisfaction in business markets[J] Journal of Business and Industrial Marketing, 2002,17(2/3):107 — 118.

[37] Feathermanms,Pavloupa. Predictinge-services adoption:a perceived risk facets perspective[J]. International Journa of Human-Computer stuies, 2003, 59(4):451 — 474.

[38] Fishbein, M. , & Ajzen, I. Belief, attitude, intention, and behavior: An introduction to theory and research [M]. Boston: Addison-Wesley, 1975.

[39] Fornell, D. F. Larcker. Evaluating structural equation models with unobservable and measurement error[J]. Journal of Marketing Research, 1981,18(1):39 — 50.

[40] Gagne', M. , & Deci, E. L. Self-determination theory and work motivation[J]. Journal of Organizational Behavior, 2005,26:331 — 362.

[41] Gefen, D. , & Straub, D. A practical guide to factorial validity using PLS-graph: Tutorial and annotated example[J]. Communications of AIS, 2005(16):91 — 109.

[42] Ghanj, J. A., Deshpande, S. P. Task characteristics and the experience of optimal flow in human-computer interaction[J]. Journal of Psychology, 1994,128(4):381 - 391.

[43] Gibson, S. & Dembo, M., Teacher efficacy: A construct validation [J]. Journal of Educational Psychology, 1984,76(4):569 - 582.

[44] Goodhue D L, Thompson R L. Task—technology Fit and Individual Performance[J]. MIS Quarterly,1995,19(2):213 - 236.

[45] Greene, J. A., Yu, S. B., & Copeland, D. Z. Measuring critical components of digital literacy and their relationships with learning[J]. Computers & Education, 2014(76):55 - 69.

[46] Hair, J., Anderson, R., Taham, R., & Black, W. Análise multivariada de dados (6th ed.)[M]. Porto Alegre: Bookman, 2009.

[47] Hara, N. and Kling, R. Students' distress with a web-based ·distance education course: anethnographic study of participants' experiences [J]. Information, Communication and Society, 2000,3(4):557 - 79.

[48] Hayashi, A., Chen, C., Ryan, T., & Jiinpo, W. The role of social presence and moderating role of computer self efficacy in predicting the continuance usage of E-Learning systems[J]. Journal of Information Systems Education, 2004,15(2):139 - 154.

[49] H. C. Triandis, Values, Attitudes and Interpersonal Behavior, Nebraska Symposium on Motivation, 1979: Beliefs, Attitudes, and Values, University of Nebraska Press, Lincoln, NE, 1980:195 - 259.

[50] Hong, S., Thong, J. Y. L., et al. Understanding continued information technology usage behavior: A comparison of three models in the context of mobile internet[J]. Decision Support Systems, 2006,42(3):1819 - 1834.

[51] Hoffman, D., & Novak, T. Marketing in hypermedia computer mediated environments: Conceptual foundations. Journal of Marketing, 1996, 60(1):50 - 68.

[52] Houston J P. Motivation. New York: Macmillam,1985.

[53] Hsu, M. H., Chiu, C. M., & Ju, T. L. Determinants of continued use of the WWW: An integration of two theoretical models[J].

Industrial Management & Data Systems, 2004,104(9):766 – 775.

[54] Hsu, M. H. , Yen, C. H. , et al. A longitudinal investigation of continued online shopping behavior: An extension of the theory of planned behavior[J]. International Journal Human-Computer Studies, 2006,64:889 – 904.

[55] Huang, E. Y. , Lin, S. W. , and Huang, T. K.. What Type of Learning Style Leads to Online Participation in the Mixed-Mode E – learning Environments A Study of Software Usage Instruction[J]. Computers & Education, 2012,58(1):338 – 349.

[56] Hulland, J. Use of partial least squares (PLS) in strategic management research: A review of four recent studies[J]. Strategic Management Journal, 1999,20(2):195 – 204.

[57] Hung, M. -C. , Chang, I. -C. and Hwang, H. -G. Exploring academic teachers' continuance toward the web – based learning system: the role of causal attributions[J]. Computers & Education, 2011,57 (2):1530 – 1543.

[58] Islam, A. K. M. N. Investigating E-Learning system usage outcomes in the university context[J]. Computers & Education, 2013,69:387 – 399.

[59] Ifinedo, P. Acceptance and continuance intention of web-based learning technologies (WLT) use among university students in a Baltic country[J]. Electronic Journal of Information Systems in Developing Countries, 2006,23(6):1 – 20.

[60] Igbaria, M. , Iivari, J. , & Maragahh, H. Why do individuals use computer technology[J]. Information andManagement, 1995,5:227 – 238.

[61] James Brown. Developing and Using a Computer Self-Efficacy Scale for Adults[J]. 24th Annual Conference on Distance Teaching & Learning, 2007, Dec 14.

[62] Johnson M, Finney S. Measuring basic needs satisfaction: evaluating previous research and conducting new psychometric evaluadons of the Basic Needs Satisfaction in General Scale [J]. Contemp educ Psychol,2010,35(4): 280 – 296.

[63] Johnston, W. J. , & Kim, K. Performance, attribution, and

expectancy linkages in personal selling[J]. Journal of Marketing, 1994,58 (4):68 - 81.

[64] J. S. Eccles, Gender roles and women's achievement-related decisions [J]. Psychology of Women Quarterly,1987,11 (2):135 - 172.

[65] Karahanna, E. , & Straub, D. W. (1999). The psychological origins of perceived usefulness and ease of use[J]. Information and Management, 35(4): 237 - 250.

[66] Karsten, R. (2002). An analysis of IS professional and end user causal attributions for user-system outcomes [J]. Journal of End User Computing, 14(4):51 - 73.

[67] King B. Piza A. Milman A. Socialimpacts of tourism host perceptions [J]. Annals of Tourism Research,1993,(20):650 - 665.

[68] Larsen, T. , Sørebø, A. M. , Sørebø, Ø. The role of task-technology fit as users' motivation to continue information system use[J]. Computers in Human behavior, 2009,25 (3):778 - 784.

[69] Lee,B. C,Yoon, J. O. and Lee,L. Acceptance of E-Learning in South Korea:Theories and Results [J]. Computers& Education, 2009,53 (4):1320 - 1329.

[70] Lee, M. K. O. , Cheung, C. M. K. , & Chen, Z. H. Acceptance of Internet - based learning medium: The role of extrinsic and intrinsic motivation [J]. Information & Management, 2005,42(8):1095 - 1104.

[71] Lee, H. , Kim, J. and Kim, J. Determinants of success for application service provider:anempirical test in small businesses [J]. International Journal of Human-Computer Studies, 2007,65 (9):796 - 815.

[72] Lee, M. C. Explaining and predicting users' continuance intention toward E-Learning: an extension of the expectation-confirmation model[J]. Computers & Education, 2010,54(2):506 - 516.

[73] Liao, S. (1999). The adoption of virtual banking: An empirical study[J]. International Journal of Information Management, 19(1):63 - 74.

[74] Liaw, S. S. , Chen, G. D. , & Huang, H. M. Users' attitudes toward Web-based collaborative learning systems for knowledge management [J]. Computers & Education, 2008(50):950 - 961.

[75] Lim, D. H. , Morris, M. L. Learner and instructional factors influencing learning outcomes within a blended learning environment[J]. Educational Technology & Society. 2009,12(4):282 – 293.

[76] Limayem, M. , Cheung, C. Understanding information systems continuance: the case of Internet-based learning technologies[J]. Information & Management. , 2008,45(4):227 – 232.

[77] Lin, W. S. , Wang, C. H. Antecedence to continued intentions of adopting E-Learning system in blended learning instruction: a contingency framework based on models of information system success and task-technology fit[J]. Computers & Education, 2011,58(1):88 – 99.

[78] Lind, E. A. , Kulik, C. T. , Ambrose, M. & Deverapark, M. V. Individual and corporate dispute resolution—Using procedural fairness as a decision heuristic[J]. Administrative Science Quarterly, 1993,38(2):224 – 251.

[79] LaGuardia, J. G. , Ryan, R. M. , Couchman, C. E. , & Deci, E. L. Within-person variation in security of attachment: A self-determination theory perspective on attachment, need fulfilment, and well-being [J]. Journal of Personality and Social Psychology, 2000,79:367 – 384.

[80] L. Song, E. S. Singleton, J. R. Hill, M. Koh, Improving online learning: student perceptions of useful and challenging characteristics[J]. Internet and Higher Education, 2004,7(1) :59 – 70.

[81] Liyanagunawardena T R, Adams A A, Williams S A. MOOCs: A systematic study of the published literature 2008 – 2012[J]. The International Review of Research in Open and Distance Learning, 2013,14(3):202 – 227.

[82] Mahdizadeh, H. , Biemans, H. , & Mulder, M. Determining factors of the use of E-Learning environments by university teachers[J]. Computers & Education, 2008,51(1):142 – 154.

[83] McAuley,E. ,Duncan,T. E. ,& Russell,D. W. Measuring causal attributions: The revised causal dimension scale DII[J]. Personality and Social Psychology Bulletin, 1992,18:566 – 573.

[84] MacKinnon, D. P. Introduction to statistical mediation analysis Mahwah[J]. NJ: Earlbaum. ,2008.

[85] McGill, T. J., & Hobbs, V. J. How students and instructors using a virtual learning environment perceive the fit between technology and task. Journal of Computer Assisted Learning, 2008,24(3):191 – 202.

[86] M. Daugherty, B. L. Funke. University faculty and student perceptions of Webbased instruction. Journal of Distance Education,1998,13 (1):21 – 39.

[87] Mitchell, Terence R. Matching Motivational Strategies with Organizational Contexts. Research in Organizational Behavior, 1997(19): 57 –149.

[88] Moon, J. W. , & Kim, Y. G. Extending the TAM for a world-wide-web context[J]. Information & Management, 2001, 38(2):217 – 230.

[89] Nunnally, J. C. Psychometric theory[M]. Current Contents/Social & Behavioral Sciences, 1979(22):12.

[90] Oliver, R. L. A cognitive model for the antecedents and consequences of satisfaction[J]. Journal of Marketing Research, 1980(17):460 – 469.

[91] Oliver, R. L. Cognitive, affective, and attribute bases of the satisfaction response[J]. Journal of Consumer Research, 1993,20(3):418 – 430.

[92] Oliver, R. L. , & DeSarbo, W. S. Response determinant in satisfaction judgments[J]. Journal of Consumer Research, 1988,14(4):495 – 507.

[93] Patterson, P. G. , Johnson, L. W. , & Spreng, R. A. Modeling the determinants of customer satisfaction forbusiness-to-business services [J]. Academy of Marketing Science, 1997,25(1):4 – 17.

[94] Pintrich P R, Schunk D. The role of goals and goal orientation. In P. Pintrich & D. Schunk(Eds.), Motivation in education: theory, research and applications. Englewood Cliffs, NJ:Prentice-Hall, 1996.

[95] Research on the Future of Learning and Business. Learning is a never-ending journey, not a destination [EB/OL]. Learning in 2002(1999),Jay Cross & Internet Time Group, http://www. internettime. com/itimegroup/elearning/learning. htm, 2003/01/08.

[96] Ryan, R. M. , & Deci, E. L. Intrinsic and extrinsic motivations: Classic definitions and new directions[J]. Contemporary Educational Psychology, 2000,25(1):54 – 67.

[97] Raaij, E. M. , & Schepers, J. J. The acceptance and use of a virtual learning environment in China[J]. Computers & Education, 2008, 50:838 - 852.

[98] Rayson, S. How Big is the training & elearning market[EB/OL]. (2013 - 06 - 14). Available at http://steverayson. kineo. com/2013/02/how-big-is-training-elearning-market. html.

[99] Reeve, J. & Jang, H. What teachers say and do to support students' autonomy during a learning activity[J]. Journal of Educational Psychology, 2006, 98:209 - 218.

[100] Roca, J. C. ,Gagne M. Understandinge E-Learning continuance intention in the workplace: a self-determination theory perspective [J]. Computers in Human Behavior, 2008,24(4):1585 - 1604.

[101] Rosenberg, M. J. E-Learning, strategies for delivering knowledge in the digital age[M]. New York: McGraw Hill, 2001.

[102] Russell, D. The causal dimension scale: a measure of how individuals perceive causes[J]. Journal of Personality and Social Psychology, 1982,42(6): 1137 - 1145.

[103] S. Bennett, A. M. Priest, C. Macpherson, Learning about online learning: an approach to staff development for university teachers, Australian Journal of Educational Technology, 1999,15(3):207 - 221.

[104] S. Vonderwell, An examination of asynchronous communication experiences and perspectives of students in an online course: a case study, Internet and Higher Education, 2003,6(1):77 - 90.

[105] Salas, E. , Kosarzycki, M. P. , Burke, C. S. , Fiore, S. M. , & Stone, D. L. Emerging themes in distance learning research and practice: some food for thought[J]. International Journal of Management Reviews, 2002,4(2):135 - 153.

[106] Seddon, P. B. A respecification and extension of the DeLone and McLean model of IS success[J]. Information Systems Research, 1997,8(3): 240 - 253.

[107] Shih, H. P. An empirical study on predicting user acceptance of e-shopping on the web[J]. Information & Management, 2004(41):351

-368.

[108] Shee, D. Y. , & Wang, Y. S. Multi-criteria evaluation of the web-based E-Learning system: A methodology based on learner satisfaction and its applications[J]. Computers & Education, 2008,50(3):894 – 905.

[109] Sheldon, K. M. , & Elliot, A. J. Goal striving, need satisfaction, and longitudinal well-being: The selfconcordance model[J]. Journal of Personality and Social Psychology, 1999,76:546 – 557.

[110] Spreng, R. A. , & Chiou, J. S. A cross-cultural assessment of the satisfaction formation process [J]. European Journal of Marketing, 2002,36(7/8):829 – 839.

[111] Sun, P. C. , Tsai, R. J. , Finger, G. , Chen, Y. Y. , & Yeh, D. What drives a successful E-Learning An empirical investigation of the critical factors influencing learner satisfaction[J]. Computers & Education, 2008,50(4):1183 – 1202.

[112] Szajna, B. Empirical evaluation of the revised technology acceptance model[J]. Management Science, 1996,42(1):85 – 92.

[113] Sorebo, O. , Halvari, H. , Gulli, V. F. , & Kristiansen, R. The role of self-determination theory in explaining teachers' motivation to continue to use E-Learning technology[J]. Computers & Education, 2009, 53(4):1177 – 1187.

[114] Taylor, S. , & Todd, P. A.. Understanding information technology usage: A test of competing models[J]. Information Systems Research, 1995, 6(2):144 – 176.

[115] Theotokis A, Doukidis G. When Adoption Brings Addiction: A Use-diffusion Model for Social Information Systems [A]. America: ICIS 2009 Proceedings, 2009:254 – 276.

[116] T. N. Kahl, A. J. Cropley, Face-to-face versus distance learning: psychological consequences and practical implications. Distance Education, 1986,7(1):38 – 48.

[117] Tao Zhou, Yaobin Lu, Bin Wang, Integrating TTF and UTAUT to explain mobile banking user adoption[J] Computers in Human Behavior, 2010,26(4):760 – 767.

[118] Venkatesh, V.. Creation of favourable user perceptions: Exploring the role of intrinsic motivation[J]. MIS Quarterly, 1999,23(2):239 – 260.

[119] Venkatesh, V. Determinants of perceived ease of use: Integrating control, intrinsic motivation, and emotion into the technology acceptance model[J]. Information Systems Research, 2000,11(4):342 – 365.

[120] Venkatesh, V. & Davis, F. D.. A theoretical extension of the technology acceptance model: Four longitudinal field studies[J]. Management Science, 2000,46(2):186 – 204.

[121] Venkatesh, V. , Morris, M. G. , Davis, G. B. and Davis, F. D. User acceptance of information technology: toward a unified view [J]. MIS Quarterly, 2003,27(3):425 – 473.

[122] Wang, M. Integrating organizational, social, and individual perspectives in Web 2. 0-based workplace E-Learning [J]. Information Systems Frontiers, 2011,13(2):191 – 205.

[123] Wang, M. , Ran, W. , Liao, J. , & Yang, S. J. H. A performance-oriented approach to E-Learning in the workplace. Educational Technology & Society, 2010,13(4):167 – 179.

[124] Watkins, D. ,&Cheng, C. The revised causal dimension scale: a confirmatory factor analysis with Hong Kong students[J]. British Journal of Educational Psychology, 1995,65:249 – 252.

[125] Weiner, B. , Frieze, I. H. , Kukla, A. , Reed, L. , Rest, S. , & Rosenbaum, R. M. Perceiving the causes of success and failure [M]. Morristown, N. J: General Learning Press, 1971.

[126] Weiner, B. Attributional thoughts about consumer behavior[J]. Journal of Consumer Research, 2000,27(3):382 – 387.

[127] Wen-Shan Lin. Perceived fit and satisfaction on web learning performance: IS continuance intention and task-technology fit perspectives [J]. Int. J. Human-Computer Studies, 2012(70):498 – 507.

[128] Wei M, Philip A, Shaffer A, et al. Adult attachment, shame, depression,and loneliness: The mediation role of basic psychological needs satisfaction [J]. J Counsel Psychol, 2005,52(4):591 – 601.

[129] Wells J D, Sarker S, and Urbaczewski A, et al. Studying customer

evaluations of electronic Commoner applications: A review and adaptation of the task-technology fit Perspective [J]. Proceedings of the 36th Annual Hawaii international Conference on System Sciences, 2003.

[130] Williams, G. C., Grow, V. M., Freedman, Z. R., Ryan, R. M., & Deci, E. L. Motivational predictors of weight loss and weight-loss maintenance[J]. Journal of Personality and Social Psychology, 1996,70:115 – 126.

[131] Woolfolk Hoy A., Davis, H., & Pape, S. J. Teacher knowledge and beliefs. In P. A[M]. Alexander, & P H. Winne (Eds.), Handbook of educational psychology (20d ed). Mahwah, NJ: Lawrence Erlbaum, 2006: 715 – 737.

[132] Wu, J., Tsai, R. J., Chen, C. C., & Wu, Y. An integrative model to predict the continuance use of electronic learning systems: hints for teaching[J]. International Journal on E-Learning, 2006,5(2):287 – 302.

[133] Yang, X., Li, Y., Tan, C. H., & Teo, H. H. Students' participation intention in an online discussion forum: Why is computer-mediated interaction attractive[J]? Information & Management, 2007,44: 456 – 466.

[134] Yen, D., Wu, C. S., Cheng, F. F., Huang, Y. W. Determinants of users' intention to adopt wireless technology: An empirical study by integrating TTF with TAM[J]. Computers in Human Behavior, 2010,26(5):906 – 915.

[135] Yixiang Zhang Yulin Fang Kwok-Kee Wei Zhaohua Wang. Promoting the intention of students tocontinue their participation in E-Learning systems [J]. Information Technology & People, 2012,25(4):356 – 375.

[136] Yung-Ming Cheng. Extending the expectation-confirmation model with quality and flow to explorenurses' continued blended E-Learning intention [J]. Information Technology & People, 2014,27(3):230 – 258.

[137] 陈美玲,白兴瑞,林艳.移动学习用户持续使用行为影响因素实证研究[J].中国远程教育,2014(12):41 – 47.

[138] 程晓璐.移动商务用户接受模型研究[J].现代商业,2010(33):26.

[139] 邓朝华,鲁耀斌.基于 VFT 的移动商务信任构建框架研究[J].科技管理研究,2008(3):185 – 188.

[140] 戴卓,郑孝庭.网络教学平台满意度影响因素研究[J].中国远程教育,2014(4):51-57.

[141] 董婷.移动支付用户持续使用意愿研究[D].南京:南京大学,2013.

[142] 樊文强,刘庆慧.中美顶尖高校E-Learning、网络教育及OER开展比较及启示——基于高校应对时代发展挑战的视角[J].现代教育技术,2013(2):23-26.

[143] 郭德俊.动机心理学:理论与实践[M].第1版.北京:人民教育出版社,2005.

[144] 顾小清,付世容.移动学习的用户接受度实证研究[J].电化教育研究,2011(6):48-55.

[145] 胡勇.在线学习平台使用意向预测模型的构建和测量[J].电化教育研究,2014(9):71-78.

[146] 侯海连.基于用户认知的在线学习服务采纳与持续使用的影响因素研究[D].上海:华东理工大学,2011.

[147] 蒋骁.基于沉浸体验的移动阅读用户持续使用意向研究[A].Information Engineering Research Institute, USA. Proceedings of 2012 International Conference on Social Science and Education(ICSSE 2012)Volume 10[C]. Information Engineering Research Institute,USA:,2012:5.

[148] 金霞.大学生一般自我效能感及学业自我效能感与心理健康的关系[J].黑龙江教育:高教研究与评估,2009,7(8):85-87.

[149] 贾积有,缪静敏,汪琼.MOOC学习行为及效果的大数据分析——以北大6门MOOC为例[J].工业和信息化教育,2014(9):23-29.

[150] 姜飞月,郭本禹.职业自我效能的测量及其量表修订[J].淮南师范学院学报,2004(6):92-95.

[151] 姜强,赵蔚,王朋娇,王丽萍.基于大数据的个性化自适应在线学习分析模型及实现[J].中国电化教育,2015(1):85-92.

[152] 何克抗.从Blending Learning看教育技术理论的新发展[J].电化教育研究,2004(7):23-28.

[153] 廖萍.移动互联网时代SNS用户持续使用意愿实证分析[D].南昌:江西财经大学,2013.

[154] 林秀曼,谢舒潇,吴芸.基于网络教学平台的大学生学习能力促进研究[J].电化教育研究,2013(9):57-61.

[155] 刘莉莉.基于技术接受模型的大学生网络学习平台意向影响因素研究[D].金华:浙江师范大学,2013.

[156] 刘泓里.基于 UTAUT 的移动支付用户接受模型研究[D].广州:广东工业大学,2014.

[157] 刘俊升,林丽玲,吕媛,魏超波,周颖,陈欣银.基本心理需求量表中文版的信、效度初步检验[J].中国心理卫生杂志,2013(10):791-795.

[158] 刘玉新,张建卫,黄国华.组织公正对反生产行为的影响机制——自我决定理论视角[J].科学学与科学技术管理,2011(8):162-172.

[159] 何檀.移动教育持续使用的实证研究[D].哈尔滨:哈尔滨工业大学,2014.

[160] 陆莉莉.基于网络教学平台的混合学习的应用研究[D].上海:上海师范大学,2012.

[161] 陆昌勤,凌文辁,方俐洛.管理自我效能感与管理者工作态度和绩效的关系[J].北京大学学报(自然科学版),2006(2):276-280.

[162] 路兴,赵国栋,原帅,李志刚.高校教师的"混合式学习"接受度及其影响因素研究——以北大教学网为例[J].远程教育杂志,2011(2):62-69.

[163] 罗浩.大学生基于网络教学平台自主学习的现状与对策[D].青岛:山东师范大学,2014.

[164] 刘鲁川,孙凯.M-Learning 用户接受机理:基于 TAM 的实证研究[J].电化教育研究,2011(7):54-60.

[165] 罗宾斯 SP,贾奇 T A.组织行为学[M].12 版.李源,孙键敏译.北京:中国人民大学出版社,2008.

[166] 李怀祖.管理研安方法论[M].第二版.西安:西安交通大学出版社,2004.

[167] 李明辉.网络环境下学习满意度、知识掌握及使用意愿的影响因素分析[D].上海:复旦大学,2010.

[168] 李秀娟,邓小昭.国内 211 高校E-Learning资源与服务的现状分析[J].图书馆学研究,2010(12):39-43.

[169] 李在荣,伊藤直哉.日本高校E-Learning实践成果研究[J].中国电化教育,2011(3):40-44.

[170] 吕媛.学习动机、基本心理需求与学业成绩的关系:一项追踪研究[D].上海:上海师范大学,2014.

[171] 马颖峰,白羽,刘敏娜.游戏持续行为研究及对教育游戏设计的启示[J].电化教育研究,2014(11):64-70.

[172] 彭文辉.网络学习行为分析及建模[D].武汉:华中师范大学,2012.

[173] 清华大学教育技术研究所.清华教育在线创新应用模式[EB/OL].http://tuetl. then. org/evaluate/iufoSingleArticle. do? articleId=1065&columnId=1022,2012-09-12.

[174] 钱瑛.在线学习用户持续使用行为影响因素研究[J].商业研究,2014,12:87-92.

[175] 羌莉莉.基于技术接受模型的有关学生对阿里学院在线培训接受程度的分析[D].上海:复旦大学,2013.

[176] 邱皓政.量化研究与统计分析[M].四川:重庆大学出版社,2013.

[177] 宋国学.国外 e-学习的研究综述[J].外国教育研究,2006(2):39.

[178] 苏帆帆.移动阅读业务持续使用行为影响因素研究[D].北京:北京邮电大学,2011.

[179] 孙建军,裴雷,刘虹.基于期望确认模型的视频网站持续使用模型构建[J].图书情报知识,2013(5):82-88+45.

[180] 苏煜.运用自我决定理论对高中生体育学习缺乏动机机制的研究[D].上海:华东师范大学,2007.

[181] 网易教育.2015 年中国在线教育市场规模将超过 1600 亿元[EB/OL]. http://edu. 163. com/14/0319/17/9NNG05BR00294M9N. html

[182] 王长林,陆振华,冯玉强,方润生.后采纳阶段移动政务的持续使用——基于任务-技术匹配理论的实证分析[J].情报杂志,2011(10):189-193.

[183] 王才康,胡中锋,刘勇.一般自我效能感量表的信度和效度研究[J].应用心理学,2001(1):37-40.

[184] 王重鸣.心理学研究方法[M].北京:人民教育出版社,1990:134-135.

[185] 王菲.基于 TTF 和 ECM-ISC 模型的手机浏览器用户持续使用意向影响因素研究[D].青岛:山东财经大学,2012.

[186] 王靖.大学生计算机自我效能感问卷的开发与应用[J].开放教育研究,2010(2):90-97.

[187] 王丽琴.自我决定理论下动机量表在运动领域的使用[J].当代体

育科技,2014(10):180-181.

[188] 王相英.自我决定理论在运动损伤恢复领域中的研究进展[J].中国特殊教育,2009,10:68-72.

[189] 王仙雅,林盛,陈立芸.混合学习模式下E-Learning平台使用意愿的影响因素研究[J].电化教育研究,2013(11):72-85.

[190] 吴剑平,赵可.大学的革命——MOOC时代的高等教学[M].北京:清华大学出版社,2014.

[191] 吴克文,赵宇翔,朱庆华,郑华,谈晓洁.性格理论视角下的信息系统用户使用影响因素研究[J].情报理论与实践,2011(4):83-88.

[192] 吴明隆.问卷统计分析实务:SPSS操作与应用[J].重庆:重庆大学出版社,2003.

[193] 谢爱珍.基于UTAUT大学生手机移动学习使用意愿影响因素研究[D].金华:浙江师范大学,2012.

[194] 许玲,郑勤华.大学生接受移动学习的影响因素实证分析[J].现代远程教育研究,2013(4):61-66.

[195] 夏园园.E-Learning:传统教学模式变革的方向[J].中国电力教育,2014(5):42-43+45.

[196] 杨素娟.德国高校E-Learning发展现状研究[J].现代远程教育研究,2010(2):39-42+74.

[197] 杨根福.移动阅读用户满意度与持续使用意愿影响因素研究——以内容聚合类APP为例[J].现代情报,2015(3):57-63.

[198] 姚凯.自我效能感研究综述——组织行为学发展的新趋势[J].管理学报,2008(3):463-468.

[199] 姚唐,郑秋莹,李惠璠,邱琪,曹花蕊,吴瑞林.Web2.0环境中顾客参与的实现型快乐感形成机制[J].心理科学进展,2013(8):1347-1356.

[200] 张鼎昆,方俐洛,凌文辁.自我效能感的理论及研究现状[J].心理学动态,1999(1):39-43+11.

[201] 张剑,张建兵,李跃,Edward L.Deci.促进工作动机的有效路径:自我决定理论的观点[J].心理科学进展,2010(5):752-759.

[202] 张旭,樊耘,黄敏萍,颜静.基于自我决定理论的组织承诺形成机制模型构建:以自主需求成为主导需求为背景[J].南开管理评论,2013(6):59-69+111.

[203] 赵国栋,原帅.高校教师的"混合式学习"接受度及其影响因素研究——以北大教学网为例[J].远程教育杂志,2011(2):62-69.

[204] 赵玉.基于混合式学习的"中职课程设计与开发"课程学习效果研究[J].电化教育研究,2014(5):91-96.

[205] 赵明霞.虚拟社区成员持续参与行为的心理机制研究[D].上海:复旦大学,2013.

[206] 周涛,鲁耀斌,张金隆.整合TTF与UTAUT视角的移动银行用户采纳行为研究[J].管理科学,2009(3):75-82.

[207] 周春红.基于Blackboard学习平台的混合学习模式的探索与实践[J].电化教育研究,2011(2):87-98.

[208] 邹军华.信息技术视野下的乒乓球运动技能学习研究[D].武汉:华中师范大学,2012.

[209] 朱卫华.现代教学媒体的教师接受性干预的研究[D].福州:福建师范大学,2009.

[210] 朱珂,刘清堂.基于"学习分析"技术的学习平台开发与应用研究[J].中国电化教育,2013(9):127-132.

附录一

E-Learning用户
持续使用意愿调查

尊敬的用户您好!

我们正在进行一项关于E-Learning用户持续使用意愿情况的问卷调查。调查对象为已经使用过或正在使用E-Learning的用户,请在相应的选项里打"√"。您的填写对我们的研究非常重要,谢谢。祝:生活愉快!

相关定义解释:

E-Learning是指通过互联网或内部网登录到E-Learning系统或网站参与学习的活动。E-Learning通常用于个人自主学习、企事业员工培训、基础教育与高等教育远程学习、支持性学习、混合式学习等学习活动。

第一部分 基本信息

1.您的性别:

A.男   B.女

2 您的年龄:

A.18 岁以下   B.18~24 岁   C.25~30 岁   D.31~45 岁

E.46~55 岁   F.55 岁以上

3.您的教育程度是:

A.高中及以下　　B.大专　　C.本科　　D.硕士　　E.博士

4.您所从事的职业是：

A.中学生　　B.大学生　　C.企业职工　　D.事业单位员工

E.教师　　　F.公务员　　G.其他

5.您的E-Learning 使用经验是：

A.1个月以下　B.1~6个月　C.6个月~1年　D.1~2年　E.2年以上

第二部分　E-Learning持续使用意愿调查
（请在相应的空格内打"√"）

编号	题　　目	非常不同意	不同意	比较不同意	一般	比较同意	同意	非常同意
PEU1	对我来说熟练使用E-Learning系统是容易的							
PEU2	我与E-Learning系统的互动活动是清晰的、可以理解的							
PEU3	我发现我可以很容易通过E-Learning系统完成我想要做的事							
PEU4	我发现使用E-Learning系统对我来说是容易的							
PU1	我认为E-Learning能提高我的学习绩效							
PU2	我认为E-Learning能提高我学习的有效性							
PU3	我认为E-Learning能提高我的学习效率							
PU4	我发现E-Learning对我的学习是有用的							
SN1	对我有影响的人认为我应该参与E-Learning活动							
SN2	对我重要的人认为我应该参与E-Learning活动							

续表

编号	题　　目	非常不同意	不同意	比较不同意	一般	比较同意	同意	非常同意
SN3	组织中的高级管理层支持我参与E-Learning活动							
PBC1	我已经有资源、知识与能力使用E-Learning系统							
PBC2	E-Learning系统与我使用的其他系统是兼容的							
PBC3	我能很好地使用E-Learning系统控制整个学习过程							
ATT1	使用E-Learning是一个好的主意							
ATT2	我喜欢使用E-Learning							
ATT3	使用E-Learning是可取的							
SSE1	即使我以前从来没有使用过类似系统,我也能使用E-Learning系统完成我的学习活动							
SSE2	如果在使用E-Learning系统之前我看过其他人操作,我就能使用E-Learning系统完成我的学习活动							
SSE3	如果我能使用E-Learning系中内置的帮助功能,我就能使用E-Learning系统完成我的学习活动							
AV1	我认为E-Learning使我成为一个知识渊博的人							
AV2	我认为E-Learning为我提供了一个实现成就的场所							
AV3	我认为成功的E-Learning能证明我的能力							

续表

编号	题　目	非常不同意	不同意	比较不同意	一般	比较同意	同意	非常同意
AV4	我认为成功的E-Learning给了我信心							
IV1	我认为E-Learning是有趣的							
IV2	我认为E-Learning是令人愉快的							
IV3	我认为E-Learning是让人开心的							
UV1	我认为E-Learning对我的提升是有用的							
UV2	我认为E-Learning对我获得加薪是有用的							
UV3	我认为E-Learning对我获得工作是有帮助的							
SIL1	我认为E-Learning减少了学生之间面对面交流的机会,从而限制了他们的社会化							
SIL2	我认为E-Learning减少了学生与老师之间面对面交流的机会							
ANX1	我对使用E-Learning完成我的学习任务感到忧虑							
ANX2	我对使用E-Learning完成我的学习任务感到不安							
ANX3	我对使用E-Learning完成我的学习任务感到不舒服							
DR1	我感觉得到老师的响应缺乏即时性							
DR2	我感觉得到其他同学的响应缺乏即时性							
DR3	我感觉得到助教的响应缺乏即时性							
RAL1	在E-Learning活动中我不能持续参与							
RAL2	在E-Learning活动中我不能保持我的注意力							

续表

编号	题　目	非常不同意	不同意	比较不同意	一般	比较同意	同意	非常同意
RAL3	在E-Learning活动中我不能保持我的兴趣							
RAL4	在E-Learning活动中我没办法完成我的学习目标							
CF1	我使用E-Learning的经历比预期的要好							
CF2	E-Learning系统提供的服务水平比我预期的要好							
CF3	E-Learning系统能够满足超过我所需求的服务							
SA1	我对E-Learning的绩效感到满意							
SA2	我使用E-Learning的经历是愉快的							
SA3	我使用E-Learning的决策是明智的							
CI1	如果可能,在以后的学习中我想继续使用E-Learning							
CI2	我以后继续使用E-Learning是有可能的							
CI3	我希望在以后的学习中继续使用E-Learning							

在线 MOOC 学习持续使用意愿调查

尊敬的用户您好!

　　我们正在进行一项关于在线 MOOC 学习持续使用情况的问卷调查。调查对象为已经使用过或正在使用在线 MOOC 学习的用户,请在相应的选项里打"√"。您的填写对我们的研究非常重要,谢谢。祝:生活愉快!

　　相关定义解释:

　　在线 MOOC 学习是指通过互联网登录到在线学习系统(如网易公开课、Edx 平台、Coursera、Udacity、中国大学 MOOC、学堂在线等)参与学习活动。

第一部分　基本信息

　　1. 您的性别:

　　A. 男　　　B. 女

　　2 您的年龄:

　　A. 18 岁以下　　　B. 18～24 岁　　　C. 25～30 岁　　　D. 31～45 岁

　　E. 46～55 岁　　　F. 55 岁以上

　　3. 您的教育程度是:

　　A. 高中及以下　　　B. 大专　　　C. 本科　　　D. 硕士　　　E. 博士

4. 您所从事的职业是：

A. 中学生　　　B. 大学生　　　C. 企业职工　　　D. 事业单位员工

E. 教师　　　　F. 公务员　　　G. 其他

第二部分　在线 MOOC 学习基本情况

1. 你是否有在线学习的经历？

A. 有　　　B. 没有

2. 你参加在线学习时，是否坚持学完一门课？

A. 已学完　　　B. 没有学完

3. 你在参加在线学习时，是否通过了课程考试？

A. 通过了　　　B. 没有通过

4. 如果你曾经坚持学完一门在线课程，你觉得主要的原因是：

A. 为了获得学分　　　B. 为了获得证书　　　C. 想掌握一种新的学习方法

D. 对课程内容有兴趣　　　E. 工作需要　　　F. 老师要求

G. 觉得好玩　　　H. 其他

5. 如果你没能学完一门在线课程，你觉得主要的原因是：

A. 学习没什么压力　　　B. 没有特定的学习目标　　　C. 对内容不感兴趣

D. 不能在规定的时间参加在线学习

E. 遇到问题无法与老师进行面对面的交流

E. 缺乏一起学习的同伴，感觉孤独　　　F. 网络速度太慢，视频播放不流畅

G. 好的资源要收费，费用太贵　　　H. 缺乏在线学习的经验和技巧

I. 其他

7. 你用于在线学习的设备一般是：

A. 手机　　　B. 笔记本/台式电脑　　　C. 平板电脑　　　D. MP3/MP4

E. 电视　　　F. 其他

8. 你经常使用的在线学习平台是：

A. 网易公开课　　　B. 中国大学 MOOC　　　C. 新浪公开课

D. 搜狐名校公开课　　　E. Coursera 在线学习平台

E. eDX 在线学习平台　　　F. Udacity 在线学习平台

G. 学堂在线　　　H. 单位或学校自建的在线学习平台　　　I. 其他

9. 你认为自己的学习自控能力如何？

A. 很强　　B. 比较强　　　C. 一般　　D. 不好　　　E. 很不好

10. 你每次可以坚持的数字化学习时间长度是：

A. 15 分钟以下　　　B. 16~30 分钟　　　C. 31~60 分钟

D. 1~2 个小时　　　E. 2 个小时以上

第三部分　在线 MOOC 学习持续使用意愿调查
（请在相应的空格内打"√"）

编号	题　　目	非常不同意	不同意	比较不同意	一般	比较同意	同意	非常同意
CF1	我使用在线学习的经历比预期的要好							
CF2	在线学习提供的服务比我预期的还要好							
CF3	总的来说，我对使用在线学习的大部分预期均得到证实							
PU1	使用在线学习可以提高我的工作或学习绩效							
PU2	使用在线学习可以提高我的学习效率							
PU3	使用在线学习增强了我学习的有效性							
PU4	总而言之，在线学习对我来说是有用的							
SA1	我对使用在线学习的决策感到满意							
SA2	我使用在线学习的经历是愉快的							
SA3	我使用在线学习的决策是明智的							
SA4	总的来说，我对使用在线学习感到满意							
CI1	我打算继续使用在线学习，而不是停止使用							

续表

编号	题　　目	非常不同意	不同意	比较不同意	一般	比较同意	同意	非常同意
CI2	我的意向是继续使用在线学习,而不会使用其他任何替代方法							
CI3	如果可以,我想停止使用在线学习							
IQ1	在线学习系统中提供了丰富的学习资源							
IQ2	在线学习系统提供的学习资源质量高							
IQ3	在线学习系统提供的学习资源的格式是合适的							
IQ4	在线学习系统提供了详细的课程介绍							
IQ5	在线学习系统提供的课程学习信息对我是有帮助的							
IQ6	在线学习系统提供的课程学习信息是完整的							
IQ7	在线学习系统中的学习信息是及时更新的							
SYQ1	在线学习系统的界面很友好							
SYQ2	在线学习系统中按步骤完成一个任务很有逻辑性							
SYQ3	在线学习系统中执行一个操作能够得到预期的结果							
SYQ4	在线学习系统是稳定的							
SYQ5	在线学习系统的响应是快速的							
SEQ1	在线学习系统对学习资源的展示有很好的可视化效果(有视觉吸引力)							
SEQ2	在线学习系统对我的提问有快速的回复							

续表

编号	题　目	非常不同意	不同意	比较不同意	一般	比较同意	同意	非常同意
SEQ3	在线学习系统能给我提供合适的服务							
SEQ4	在线学习系统中我能制订个性化的学习计划							
SEQ5	在线学习系统中在需要的时候我能与其他学习者进行交流互动							
SEQ6	在线学习系统中在需要的时候我能与老师进行交流互动							
SSE1	我自信可以在在线学习系统中找到与学习相关的信息							
SSE2	我自信可以在在线学习系统中通过公告板发送信息							
SSE3	我不知道如何通过论坛与其他学习者进行交流							
SSE4	我自信可以在在线学习系统中与老师进行交流							
SSE5	我自信可以在在线学习系统中下载文件							

高校教师E-Learning
持续使用意愿问卷调查

调查一：教师成功使用E-Learning的归因调查

　　老师您好，这是一份用于高校教师在教学中成功使用E-Learning研究的调查问卷，耽误您几分钟的时间进行回答。请您根据认同的等级在问卷中进行填写。您的回答对我们非常重要，非常感谢您对学术研究的支持，祝开心！

　　E-Learning平台，也称为学习管理系统或网络教学平台，是一个基于互联网或内部网的数字化学习平台，教师可以上传教学大纲、教学PPT、音视频资料等教学资料，学生可以下载或在线学习，与教师互动、答疑、在线测试、交作业等，通常在高校中将在线学习与传统教学方式相结合开展混合式学习。

（请在相应的空格内打"√"）

编号	题　　目	非常不同意	不同意	比较不同意	一般	比较同意	同意	非常同意
1	积累教学材料，丰富教学							

续表

编号	题　　目	非常不同意	不同意	比较不同意	一般	比较同意	同意	非常同意
2	方便操作的E-Learning系统							
3	友好的用户界面							
4	教师的教学习惯（如计算机教学的习惯）							
5	改善教学计划的可控性							
6	教师运用E-Learning系统创建课程的自主性							
7	教师设计良好的数字教材的能力							
8	学习记录（如避免对学习成绩和作业产生争议）							
9	E-Learning系统的稳定性							
10	E-Learning系统中的课程种类							
11	E-Learning系统提供的共享课程资料能力							
12	E-Learning系统能够确保教学材料的安全性（如备份和恢复教学材料）							
13	教师操作E-Learning系统的能力							
14	学生努力程度							
15	E-Learning系统功能的完整性程度							
16	教师使用E-Learning系统定制教学材料的能力							
17	对E-Learning有足够的教育和培训							
18	教师对设计教学材料所需时间的考虑							
19	教学模式（如远程、混合或支持性教学）							
20	老师和学生之间交互方式的变化							
21	教师使用网络化教学方法所具备的理论素养							

续表

编号	题　　目	非常不同意	不同意	比较不同意	一般	比较同意	同意	非常同意
22	足够的网络带宽							
23	教师和学生的隐私保护							
24	学校行政部门推动E-Learning的决心							
25	学生选择课程时的意图							
26	团体力量（例：团体成员的多数是 WLS 用户）							
27	学校的教学讨论环境和文化交流环境							
28	为学生提供辅导							
29	E-Learning系统与学校的教务管理系统之间的融合							
30	学校对使用E-Learning的奖惩措施							
31	教师参与E-Learning的程度							
32	条理清晰的教学材料设计流程							

调查二：高校教师E-Learning平台持续使用意愿问卷

老师您好，这是一份用于高校教师使用E-Learning平台研究的调查问卷，耽误您几分钟的时间进行回答。

E-Learning平台也称为学习管理系统或网络教学平台，是一个基于互联网或内部网的数字化学习平台，教师可以上传教学大纲、教学 PPT、音视频资料等教学资料，学生可以下载或在线学习，与教师互动、答疑、在线测试、交作业等，通常在高校中将在线学习与传统教学方式相结合开展混合式学习。

您的回答对我们非常重要，非常感谢您对学术研究的支持，祝开心！

第一部分　基本信息

1.请问您所在的学校是？

2.您在教学中所使用的网络学习平台是什么？

3.您最近两个学期是否在教学中使用网络学习平台？

A.是　　B.否

4.您是否有权力决定在下个学期不使用网络学习平台？

A.是　　B.否

5.您的性别：

A.男　　B.女

6.您的年龄：

A.25～30岁　　B.30～40岁　　C.41～50岁　　D.51～55岁　　E.55岁以上

7.您的教育程度是：

A.本科　　B.硕士　　C.博士

8.您的职称是：

A.助教　　B.讲师　　C.副教授　　D.教授

9.您所从事的学科方向是：

A.工科　　B.文科　　C.理科　　D.医学　　E.农学

第二部分　教师用E-Learning平台持续使用意愿调查
（请在相应的空格内打"√"）

编号	题目	非常不同意	不同意	比较不同意	一般	比较同意	同意	非常同意
PA1	对于如何在教学中更好发挥E-Learning的作用，我会考虑很多因素							

续表

编号	题目	非常不同意	不同意	比较不同意	一般	比较同意	同意	非常同意
PA2	在教学工作中使用E-Learning我感到有压力							
PA3	对于在教学中如何使用E-Learning，我可以自由地表达我的意见							
PA4	我使用E-Learning时，不得不做别人要我做的事							
PA5	工作中我对E-Learning使用的意见也受到重视							
PA6	在教学中我可以自己决定如何更好地使用E-Learning							
PA7	我没有太多机会自己决定如何在教学工作中使用E-Learning							
PC1	我不是很擅长使用E-Learning系统进行教学							
PC2	其他老师认为我很擅长在教学中使用E-Learning系统							
PC3	我已经通过教学实践，学习了有关E-Learning系统的使用							
PC4	在教学中使用E-Learning系统让我感到有成就感							
PC5	在工作中我没有太多机会来展示我在E-Learning方面的能力							
PC6	在E-Learning使用方面，我觉得我的能力一般							
SYQ1	我觉得E-Learning系统使用起来非常容易							
SYQ2	我觉得E-Learning系统的界面是友好的							

续表

编号	题目	非常不同意	不同意	比较不同意	一般	比较同意	同意	非常同意
SYQ3	我觉得E-Learning系统是稳定的							
SYQ4	我觉得E-Learning系统的响应时间是可以接受的							
SYQ5	E-Learning系统有清晰的导航系统							
SEQ1	我认为,相关部门能够向我提供有效的E-Learning技能培训							
SEQ2	我认为,相关部门能够向我提供及时的E-Learning技术支持							
SEQ3	我认为,相关部门能够向我提供符合我教学需求的E-Learning个性化服务							
PU1	使用E-Learning可以提高我的教学质量							
PU2	使用E-Learning可以提高我的教学工作效率							
PU3	使用E-Learning增强了我教学工作的有效性							
PU4	总而言之,E-Learning对我的教学工作是有用的							
CF1	我使用E-Learning的经历比预期的要好							
CF2	E-Learning提供的系统功能比我预期的还要好							
CF3	总的来说,我对使用E-Learning的大部分预期均得到证实							
IM1	我使用E-Learning是因为兴趣							
IM2	我使用E-Learning是因为有趣							
IM3	我使用E-Learning是因为我享受使用的过程							

续表

编号	题目	非常不同意	不同意	比较不同意	一般	比较同意	同意	非常同意
SA1	非常不满意/非常满意							
SA2	非常不愉快/非常愉快							
SA3	非常沮丧/非常满足							
SA4	极其糟糕/极其高兴							
CI1	我打算下学期继续使用E-Learning系统，不会停止使用							
CI2	我的意向是下学期延长使用E-Learning，而不使用其他替代方法							
CI3	如果可以，我下学期想停止使用E-Learning系统							

索 引

C

持续使用意愿 7－9,19－24,40－
47,61－65,76－83,97－102,120
－130,146－152

E

E-Learning 2－7,33－40,43－46,
61－64,76－80,97－102

G

归因理论 8,9,12,26,31,122,125

H

混合式学习 3,6－9,36,37,145
－152

J

技术接受模型 13,15,17,22,25,

44,63,126,148

M

满意度 21－25,29,31,39,47,76,
78－83,97－104,148,152

MOOC 2－4,39,97,106

N

内在动机 5－7,9,26－29,44,58,
81,96,123,125－130

Q

期望确认模型 13,21－25,47,76－
79,95,121,122,143,147

S

数字化学习 3,34,35,78

U

UTAUT　17,19,40,61－63,74,76

W

网络学习　3,6,18,23,38,41,50,
64,78,120,124,148,154

外在动机　5－7,11,15,17,19,26－
29,43,58,63,81,96,123,143

Z

在线学习　3,5－9,11,33,39,50,
64,78,83,97－105,113,146,154

自我决定理论　8－12,26－30,81,
121－127,131,143－145

自主性　2,4,5,9,11,27,29,37,64,
96,123,127